欧州サッカー

Top 40
Greatest
Managers
in Europe

名将の戦術事典

Prologue

　サッカーの監督ほどバラエティーに富む仕事はない。

　まず、さまざまな戦術を志向する。ポゼッションを指導するのが得意な人、プレッシングが得意な人、バランスを整える人、サイドアタックを重視する人。そのすべてが王者になる可能性を秘める。

　面白いのは、それらが単純な戦術論に留まらず、その監督の生き方を映し出す方法論として考えられることだ。サッカーは心術一体。エネルギーや闘争心に満ちた監督はプレッシングを好むし、落ち着きや知性を感じさせる監督はポゼッションを好む傾向がある。戦術とは生き方、キャラクターだ。その監督の出自、歴史、性格と、サッカーで志向する戦術は、底流に共通点がある。その深みこそがサッカーだ。

　本書は個性豊かな40人の監督を紹介し、その出自や名試合、代表的な戦術やチーム作りについて記述している。

どの監督にも、他人には譲れないものがある。あるいは譲ってしまった過去の後悔を越えて、今を生きる監督もいる。ターニングポイントはどこにあったのか。

　サッカー監督という多種多様なトレンドを、この一冊でおさえてもらいたい。

Contents

Chapter 3

個性派

Column

Chapter 4

新進気鋭

フォーメーションの見方

⟹ ドリブル　　……> 守備意識

⟶ 選手の動き　　---> パス・クロス

※P10から掲載されているフォーメーションを見る際に、矢印の見方として参照下さい。

Chapter 1
名将

ビッグタイトルに裏付けられた保証書付きの名将。
戦術やコンディション管理はもちろん、
個性豊かな選手を統率するリーダーシップなど、
総合的な手腕が光る。
今世紀に入り、ワールドカップ、欧州選手権、
チャンピオンズリーグのいずれかを制した
監督の中から11人の名将を選り抜いた。

Famous General

—

Del Bosque

Otto Rehhagel

Josef Heynckes

Joachim Löw

José Mourinho

Rafael Benitez

Luis Enrique

Josep Guardiola

Marcello Lippi

Carlo Ancelotti

Alex Ferguson

自信と健康に満ちた
ドレッシングルームは、
100時間をかけた戦術よりも
価値がある

品格が愛される白ひげの紳士
チームに人間性をもたらす

Del Bosque

デル・ボスケ

≫監督になるまでの経歴、経緯、人物像

選手時代の大半をレアル・マドリードで過ごし、指導者としても、同クラブで研鑽を積んだ。1999年から正式にトップの監督に就任し、欧州CLを2度制覇。在籍した4シーズンは、常にベスト4以上へ進出する安定ぶりだった。性格は素朴で、フットボールに誠実であることを重視し、慎みのある態度を崩さない。その誰からも愛される人間性は、プライドが高く、気難しい選手がそろうビッグクラブをまとめる統率力をもたらす。2008年からはスペイン代表を率いて、W杯と欧州選手権を制覇。クラブと代表チームにおける3大栄誉をすべて獲得した監督は、デル・ボスケひとりしかいない。

≫名試合

2001-02シーズン、前半終了間際にジダンのスーパーボレーで勝ち越しゴールを挙げ、2-1で勝利したCL決勝は、今も語り草となっている。デル・ボスケは攻撃に関して、あまり多くの縛りを設けない。フィーゴなら右サイド、ジダンなら中央と、個人の特徴が生きるポジションで、自由にアイデアを発揮させる。その分、全体のバランスには気を使った。中盤の底に置いたマケレレに、潰し屋としての泥臭い仕事を任せ、毎年のようにビッグネームが加入する「ロス・ガラクティコス」(銀河系軍団)」をチューニングした。退任以降、クラブが低迷期に入った事実が、この調律師の存在を、何よりも雄弁に物語る。

育てた名選手

イケル・カシージャス／レアル下部組織を率いた頃からの愛弟子。1999年頃からトップチームに抜てきし、スター選手へと成長するレールを敷いた。スペイン代表でも信頼を寄せており、レアルで出場機会を失っても、変わらず起用し続けた。

イバン・エルゲラ／デル・ボスケの下で名を馳せた選手のひとり。マケレレやイエロと共に、ロス・ガラクティコスの屋台骨として活躍。本職はMFだが、ポリバレントな能力を生かし、センターバックとして多く起用された。

天敵・ライバル

ファン・ハール／レアル時代にバルセロナの監督として相まみえたオランダ人と、2014年ブラジルW杯の初戦で再会を果たす。しかし、見事なカウンターとサイド攻撃に沈められ、前回王者スペインはグループリーグ敗退の憂き目に遭った。

ジョゼ・モウリーニョ／バルセロナとレアルから多くの選手を招集するスペイン代表の指揮官にとって、両クラブを争いにけしかけるモウリーニョは、頭痛のタネだった。直接の対戦はないが、隠れたライバル関係。

Formation Case 01 | レアル・マドリード(2002-03)

Basic Formation

攻守分業のスターシステム

就任当初は3バックも含めて試行錯誤したが、2000年のフィーゴ加入後は、徐々に4-2-3-1へ固定。次々と加入するビッグネームを、そのたびにチームにフィットさせ、4シーズンで最終的に行き着いたのが、この形だ。前線の守備意識は高くないが、攻め残りするため、守備陣は奪ったボールをシンプルな縦パスで預けやすい。この分業的な仕組みは、かえって相手チームに脅威を与えた。シーズン後、デル・ボスケが解任されると、クラブはマケレレを放出し、ベッカムを獲得。絶妙なチームバランスを自ら崩壊させ、暗黒時代を迎える。

フォーメション	[4-2-3-1] [4-4-2]
フリーキッカー	フィーゴ、ロベルト・カルロス、ジダン
ビルドアップ	ポゼッション志向
メイン攻撃	中央、両サイドの攻撃など幅広い
DFエリアの高低	低め。攻め残る前線へボールをつなぐ

Special Formation

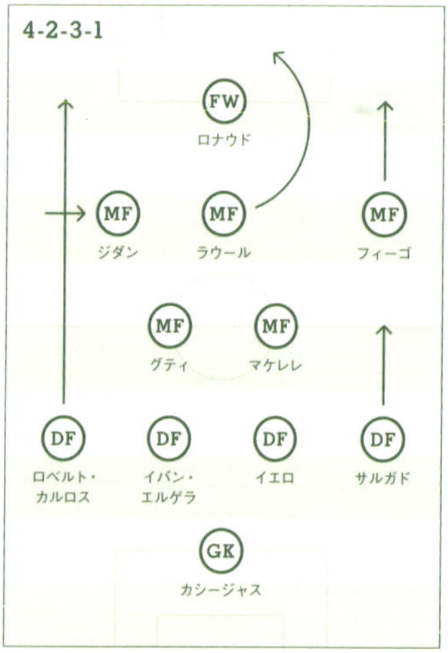

得意なプレーを生かす配置の妙

突破力のあるフィーゴを右サイドに固定。その後ろに守備的なサルガドを置き、気持ち良く1対1で勝負させる。一方、左サイドに置いた司令塔のジダンは、スタートポジションはサイドだが、自由に中へ入る。空いた左サイドには攻撃的なロベルト・カルロスが駆け上がり、崩す仕組みだ。前線は決定力のあるロナウドを1トップ、飛び出しなど起点作りができるラウールをトップ下に置く。そして、ロナウドにポジションを追い出されたグティを、マケレレの相棒に指名し、技術のあるプレーメーカーとして新境地を切り拓かせた。

Point!

司令塔をサイドに置く4-2-3-1は、この時期から徐々に広がった。攻撃的サイドバックとの組み合わせが肝。

Formation Case 02 | スペイン代表（2010、2012）

Basic Formation

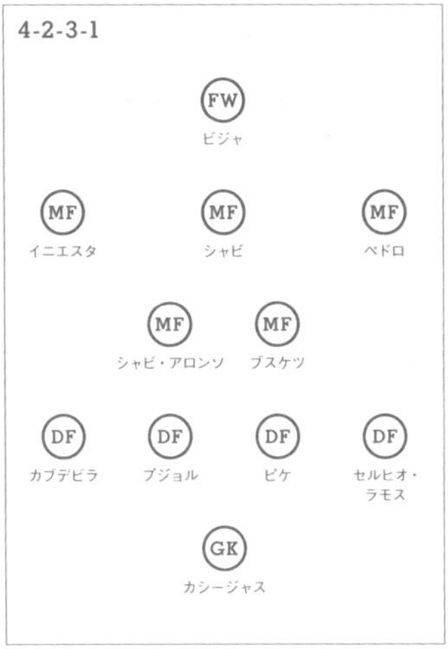

メッシ抜きバルセロナの完成形

バルセロナの所属選手を7人並べたスペイン代表は、南アフリカで初めてのW杯を掲げた。技術と判断を生かしたポゼッションスタイルは、バルセロナを踏襲する。しかし、組織の破壊者であるメッシがいないため、相手に守備を固めてスペースを消されたとき、スペインは、こう着をぶち破る爆発力に欠けた。そのため、得点を取り切れずに延長戦へ突入するケースも目立つ。他方、ブスケツ、シャビ・アロンソを並べた中盤は攻守にバランスが良く、先制した試合を逃げ切る安定感が際立った。先行逃げ切りを軸とするチーム。

フォーメション	[4-2-3-1] [4-4-2]
フリーキッカー	シャビ、ビジャ
ビルドアップ	後方からショートパスをつなぐ
メイン攻撃	中央のコンビネーション
DFエリアの高低	試合によるが、やや低めにリトリート

Special Formation

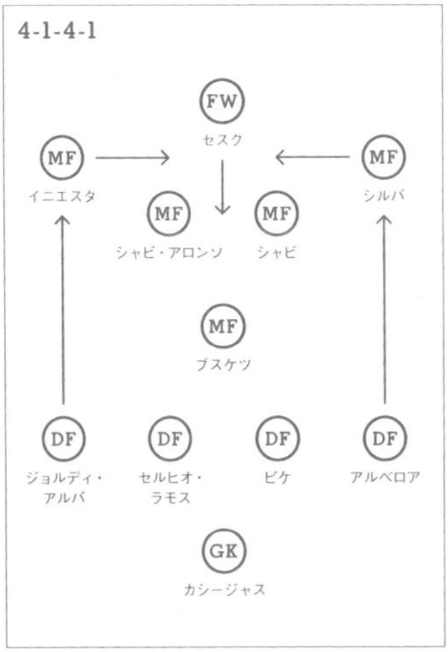

中盤を強調するゼロトップ

バルセロナをベースとするスペイン代表だが、システムの仕組みは異なる。メッシを中心に据えるバルセロナでは、両ウイングが幅を取り、エースのためのスペースを中央に確保する戦術を用いるが、スペイン代表では、同じことはできない。むしろ両サイドハーフは中央に入りポゼッションの距離感を近づけ、コンビネーションを重視。空いたサイドには、サイドバックがオーバーラップし、攻撃の幅を確保。1トップはビジャのほか、2012年欧州選手権ではセスクのゼロトップを用いたが、基本的には、中央のコンビネーションを高めるため。

Point!

スーパーサブとしてヘスス・ナバスを用意。クロスは効果的ではなかったが、スペースへの突進力はチームを助けた。

ギリシャ人は
個人主義で知られているが、
チームとしてまとまらなければ
強くはなれない

自己犠牲をベースに
鉄壁のマンツーマンを築く

Otto Rehhagel

オットー・レーハーゲル

» 監督になるまでの経歴、経緯、人物像

1972年に現役を引退し、1974年からキッカーズ・オッフェンバッハで監督生活をスタート。1981年に就任したブレーメンでは、14シーズンに渡る長期政権を築いた。この成功を元に、1995年にバイエルン・ミュンヘンの監督に栄転したが、チームへの犠牲心をベースとする姿勢がスター選手とかみ合わず、1シーズンで退団。その後、1996年2部に降格していたカイザースラウテルンで指揮を執り、初年度に昇格を決めると、翌シーズンには昇格クラブながらブンデスリーガ優勝という衝撃の結果を残した。ビッグクラブには合わないが、小さな原資で大きなサプライズを起こす。典型的なスモールクラブ向きの監督と言える。

» 名試合

最も有名な功績は、ギリシャ代表を率いて2004年欧州選手権を制したこと。グループリーグは総得点の差で、辛うじてスペインを抑えて2位突破。そこから勢いに乗って勝ち進み、決勝ではグループリーグで勝利した開催国のポルトガルと再戦へ。90分間でわずかシュート4本に留まったが、後半12分にCKから挙げた虎の子の1点を守り切り、開催国を2度撃破。同国史上初の優勝を成し遂げた。準々決勝フランス戦、準決勝チェコ戦、決勝ポルトガル戦と、すべて1-0で勝利。この奇跡にギリシャ国民は沸き、レーハーゲルは神話のヘラクレスになぞらえ、レハクレスと称賛された。

育てた名選手

トーマス・シャーフ／1999年から2013年まで長期に渡ってブレーメンを指揮した名将。選手時代から同クラブに所属し、コーチ志向の強かったシャーフは、レーハーゲルの計らいで、選手兼コーチを務めた。

コスタス・カツラニス／レーハーゲルによって初招集された中盤のハードワーカー。ギリシャ代表の基盤となる守備の激しさを支えた。2014年欧州選手権優勝メンバー最後のひとりとして、ブラジルW杯にも出場。2015年10月に現役引退を表明。

天敵・ライバル

オートマー・ヒッツフェルト／ドルトムントやバイエルンを率いたドイツ人の名将。直接的にタイトルを争う機会は少なかったが、2010年W杯予選ではスイスを率いてギリシャと対戦。2戦2勝でスイスが勝ち越したが、どちらも予選突破。

ルイス・フェリペ・スコラーリ／ブラジル代表監督として2002年W杯を制した。2003年からポルトガル代表の監督に就任し、翌年の欧州選手権というビッグタイトルをねらうが、レーハーゲルに屈した。

Formation Case 01 ブレーメン（1985-86）

Basic Formation

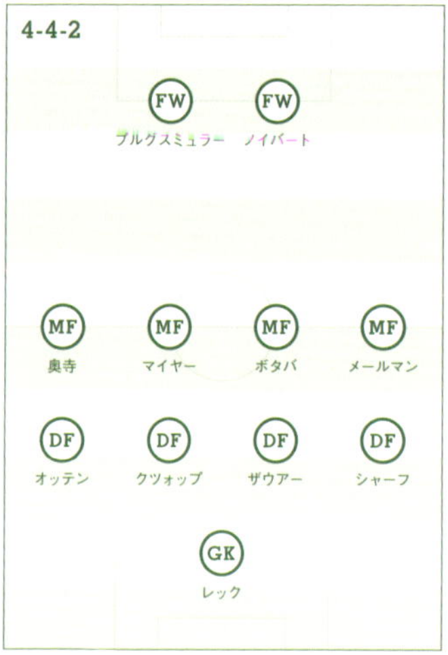

猛威を振るうダイレクトサッカー

レーハーゲルが指揮した計14シーズンの初期。長身のノイバートをターゲットマンに、10番のプルグスミュラーがサイドに流れてドリブル突破を仕掛ける。いかにもドイツらしい、直接的にゴールをめざすスタイルであり、サイドからのクロスや、セットプレー時の空中戦で迫力を見せた。日本人として初めて欧州でプロ選手になった奥寺康彦は、ケルンやヘルタ・ベルリンを経て、ブレーメンに加入。技術とスピードに加え、犠牲心を兼ね備えた選手としてレーハーゲルに愛され、MFのほかサイドバックなど複数のポジションで重用された。

フォーメーション	[4-4-2] [3-5-2]
フリーキッカー	クツォップ、奥寺
ビルドアップ	FWへのロングパス、縦パス
メイン攻撃	サイド攻撃、セットプレー
DFエリアの高低	低い

Special Formation

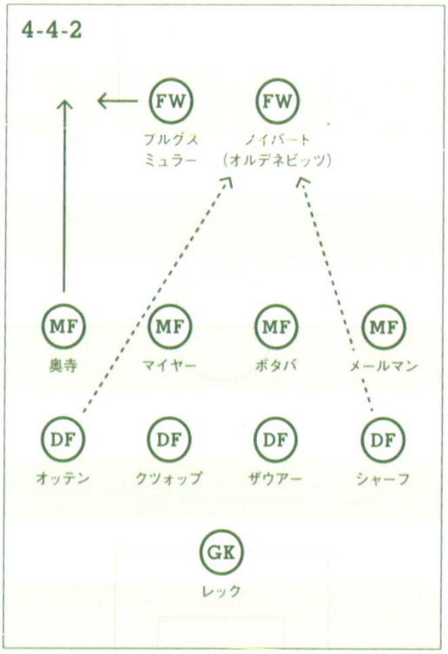

スーパーサブが試合を決める

86年にキリンカップ出場のため来日。この大会がブレーメンでの奥寺のラストマッチとなった。決勝のパルメイラス戦では先制を許すも、奥寺の左足のクロスからノイバートのオーバーヘッドキックで1-1の同点に追いつき、延長戦へ。鍵を握ったのは、スーパーサブだった。当時21歳の若手で、後にジェフユナイテッド市原に移籍し、94年度得点王になるオルデネビッツが途中出場。両チームに疲れの見える延長戦に、得意のドリブルを生かして2ゴール1アシストと大暴れ。4-2でパルメイラスを下し、優勝を果たした。

Point!

規律とチームへの献身を重んじるレーハーゲルにとって、味方のカバーを進んで引き受ける奥寺は重要な選手だった。

Formation Case 02 ｜ ギリシャ（2004）

Basic Formation

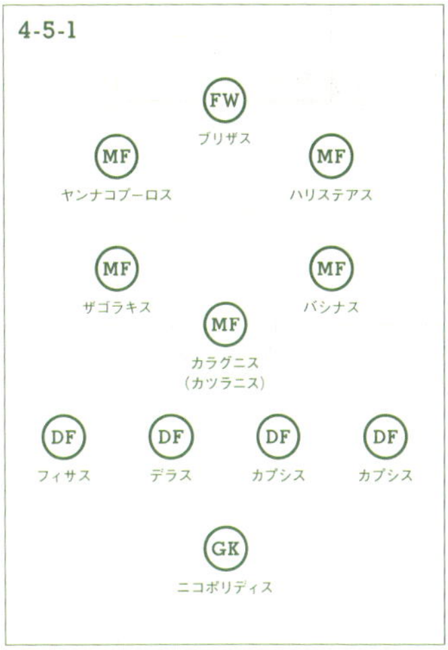

マンツーマンの堅守速攻

相手によって細部は変わるが、基本的にはマンツーマン戦術だ。4バックはデラスがスイーパーとして余り、他の3人がマンマーク。そこから最前線に立つ長身のブリザスをターゲットに、主にショートカウンターを狙っていく。レーハーゲルの基本的な姿勢は、ブレーメン時代から変わっていない。個人よりもチームが優先。各自が犠牲心を持って働くこと。「30人も人間がいれば、ルールに従う必要がある」と、それぞれがやりたいプレーを選択していた個人主義のギリシャに規律を与え、変革を促した。ここがすべてのベースとなる。

フォーメション	[4-5-1] [4-4-2]
フリーキッカー	カラグニス、バシナス
ビルドアップ	ダイレクトサッカー、ロングボール
メイン攻撃	ショートカウンター、セットプレー
DFエリアの高低	低め。行けるときは高い位置から

Special Formation

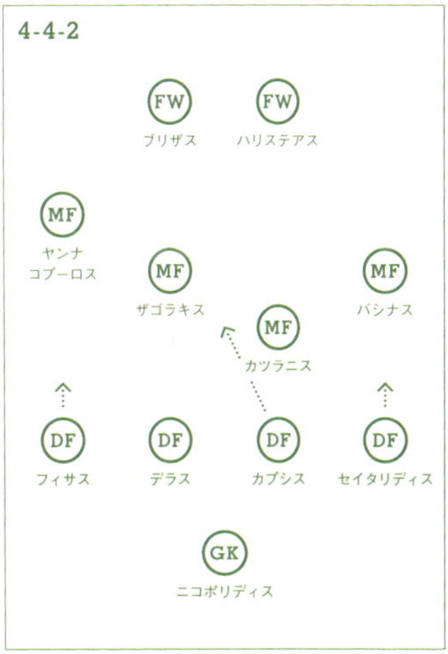

キーマンを徹底して潰し、完封成功

「奇跡」と称賛された2004年の優勝。厳しいハードワークを怠らないチームは、イエローカードがかさみ、毎試合のように出場停止者が発生。決勝のポルトガル戦も、攻撃の核であるカラグニスが出場できなかった。ギリシャは試合を重ねるうちに、得点力のあるハリステアスをより高い位置で2トップ気味に使い、4-5-1から4-4-2に移行。フィーゴ、C・ロナウド、パウレタにはマンマークを付け、中盤のデコは受け渡しながらマーク。1-0とリードした終盤はブリザスとヤンナコプーロスをDFに替え、最後まで鉄壁の守備を築いた。

Point!

マンツーマンは、流動的な攻撃に弱い。相手の攻撃的サイドバック、ミゲルが前半で負傷交代したことが功を奏した。

我々には共通の目標がある。
そのためには規律が必要だ。
同じ色のソックスを履くところから
始めなければならない

スター選手に汗をかかせ
組織力あるチームを作り上げる

Josef Heynckes
ユップ・ハインケス

» 監督になるまでの経歴、経緯、人物像

地元のボルシアMGでプレーし、ブンデスリーガ史上3位となる220得点を挙げたエースFW。引退後はドイツで指揮を執った後、90年代からスペインに渡り、アスレティック・ビルバオ、レアル・マドリードなどで監督を務める。当時のドイツサッカーが質を重視せず、フィジカルや精神力に頼る試合を続けていたことに、早くから危機感を抱いていた。スペインでは戦術の発達を吸収し、スター選手の扱い方など、多岐にわたって学び、2000年代半ばからドイツ復帰。2012-13シーズンは、バイエルン・ミュンヘンで集大成と言うべきチームを作り、リーグ、カップ、欧州CLの3冠を成し遂げ、監督業から勇退した。

» 名試合

ブンデスリーガ2位、DFBポカール準優勝、CL準優勝と、失意に終わった2011-12シーズン。国内ではドルトムントの後塵を拝し、CL決勝ではチェルシーに敗れた。この屈辱を経て、2012-13シーズンは、CL決勝で宿敵ドルトムントを破り、3冠を達成。ハインケスは、厳しい規律をもって、チームが溜めた悔しさを、組織のために走る献身エネルギーに変えた。象徴的な出来事として、同シーズンの練習の際、シュバインシュタイガーとトニ・クロースが規則で定められた黒ではなく、白いソックスを履くルール違反を犯したが、ハインケスは2人を許さず、罰金を科し、規律の何たるかを示した。

育てた名選手

リベリー／少年時代はストリートサッカーで育ち、ドリブル以外には興味を持たないサッカー小僧だったが、ハインケスはこの暴れん坊を、守備に労を惜しまないチームプレーヤーに変貌させた。守備意識に格段の変化を与えている。

トニ・クロース／2007年に17歳でトップデビューを果たすも、出場機会に恵まれず、2009年にハインケスが指揮するレヴァークーゼンへ移籍し、経験を積んだ。2011年から再びバイエルンで師事し、チームの中心選手として活躍。

天敵・ライバル

ユルゲン・クロップ／2シーズンに渡ってブンデスリーガの覇権を奪われたライバル。3冠を達成した2012-13シーズン、ハインケスはドルトムントの映像を見せ、攻守の切り替えやハードワークは「こうやってやるんだ!」と発破をかけた。

Formation Case 01 | レアル・マドリード（1997-98）

Basic Formation

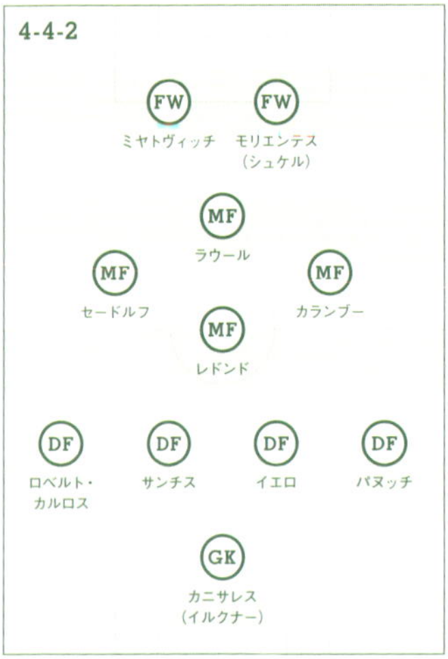

個性派集団をまとめてCL制覇

ビルバオ、テネリフェでの実績が認められ、1997-98シーズンは、ドイツ人として史上初となるレアル・マドリードの監督に就任。初年度でCL優勝と結果を残したが、リーグが4位に留まったことで退任した。チームの中心になったのは、中盤の底を務めたプレーメーカーのレドンドだ。左足で正確な長短のパスを使い分け、自らドリブルで打開する力にも長ける。ハインケスは、この個性派集団を率いた1シーズンで、スター選手をどのように扱うべきか、メディアに対してどのように発言するべきかなど、多くの学びを得た。

フォーメション	[4-4-2]
フリーキッカー	ロベルト・カルロス、イエロ
ビルドアップ	ポゼッション、カウンター
メイン攻撃	サイド攻撃、スルーパス
DFエリアの高低	低め

Special Formation

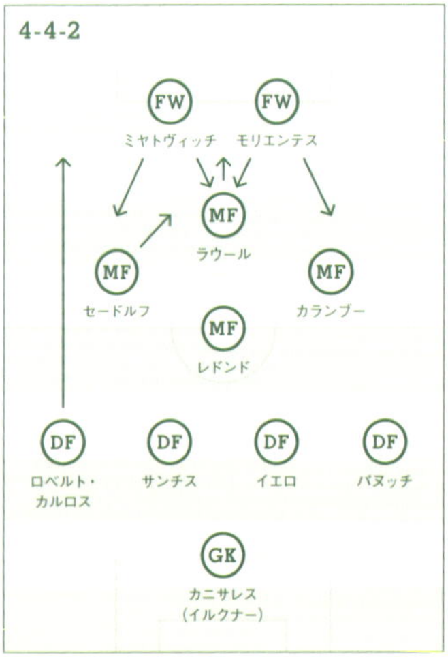

流動性のある連係プレーが持ち味

前線は流動性のある連係プレーが持ち味。ミヤトヴィッチとモリエンテスは決定力のあるストライカーだが、広いスペースに顔を出し、ビルドアップにも絡む。この2トップに入れ替わり、ラウールが裏のスペースへ飛び出す攻撃は、脅威そのものだった。左サイドバックのロベルト・カルロスは、中央へ絞ってプレーするセードルフとの連係で、サイドのスペースへ果敢にオーバーラップを図る。一方、パヌッチは1対1の堅実な守備に定評があり、バランスを取る。99年から始まるデル・ボスケ時代の潮流が見られるチームと言える。

Point!

前年に大きな改革を断行した、カペッロの後を引き継いだチーム。ハインケスがゼロから作り上げたとは評価されていない。

Formation Case 02 バイエルン・ミュンヘン（2012-13）

Basic Formation

ドルトムントを見習った最強の3冠王者

素早い攻守の切り替えでボールを奪う『ゲーゲン・プレッシング』（カウンタープレス）。この戦術で注目されたのはクロップだが、ハインケスはドルトムントをお手本にチームを改善。リベリーやロッベンといったスター選手を走らせ、ボールを奪うスピードを上げたことで、バイエルンが元来持っていたカウンターに出る際の縦の速さが、さらに強調されることに。97-98シーズンのレアルにも共通するが、ハインケスは他所から柔軟にアイデアを吸収し、厳しい規律とバランスを備えたチームに育てる手腕に長けた。二番煎じの名将とも言える。

フォーメション	[4-2-3-1]
フリーキッカー	シュバインシュタイガー、アラバ
ビルドアップ	縦に速い
メイン攻撃	サイド攻撃、セットプレー
DFエリアの高低	高め

Special Formation

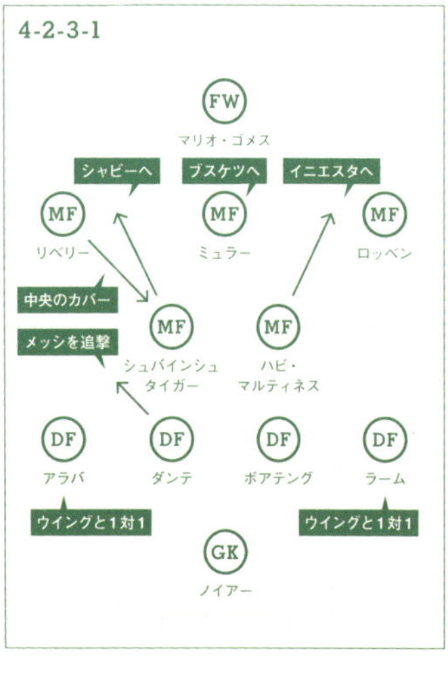

集大成と言えるマンツーマン守備

三冠の過程で最も大きな壁となったのは、CL準決勝のバルセロナ戦だった。中盤で数的優位を作ってポゼッションするバルセロナに対し、ハインケスは1対1で球際をかみ合わせ、徹底してプレッシャーをかけ続けることを指示。メッシがコンディション不良のバルセロナは、激しいマンツーマンの守備を破ることができない。シーズンを通して取り組んだ全員守備の集大成だった。逆に、小兵が多いバルセロナから、CKやカウンターで効率良く点を奪うことに成功。長所を防ぎ、短所を突いたバイエルンが、2戦合計7-0と大勝した。

Point!

トニ・クロースは負傷離脱していたが、ケガがちのロッベンが戻ったことで、結果的には対バルセロナの理想布陣が整った。

「現代サッカーは今まで以上に、
“真のユニット”になることが
求められている」

チームに厳しい規律を植え付ける
異色の叩き上げ代表監督

Joachim Löw

ヨアヒム・レーヴ

»監督になるまでの経歴、経緯、人物像

35歳で現役を引退すると、1995年からシュトゥットガルトでコーチを務め、監督へ昇進。クラブにタイトルをもたらすも、フロント都合により1998年に解任されてしまう。その後はクラブを転々とし、2004年にドイツ代表ヘッドコーチへ。クリンスマンの下で戦術トレーニングを任され、自国開催の2006年W杯で3位に輝く。以降はドイツの監督を引き継ぎ、2014年W杯で、ついに優勝を成し遂げた。名選手が監督を務めてきたドイツ代表においては、異色の叩き上げと言える。規律を重んじる監督で、ルール違反者は、一度は許すが、二度目はない。心理学やデータ分析など、生かせるものは何でも取り入れる。

»名試合

優勝を果たした2014年ワールドカップは、現代サッカーの模範たる“真のユニット”としてのドイツ代表の姿が見られた。移動負担、気候負担の大きいブラジルの地で、ひとつの戦い方を貫くことは難しい。ハイプレス、リトリート、ポゼッション、カウンター、セットプレーなど、ドイツは対戦相手ごとにメンバーや戦術を変え、柔軟なマッチプランで対応した。特に際立ったのは、準決勝のブラジル戦。開催国を相手に、前半のうちに5点を奪い、7-1で大勝した。ドイツの無慈悲なまでの強さは、サッカー王国に大きなショックを与え、この試合は『ミネイロンの惨劇』と呼ばれている。

育てた名選手

フィリップ・ラーム／代表監督であるレーヴが“育てた”という表現はふさわしくないが、2004年から10年間を共に歩いた盟友。2010年と2014年大会時にはキャプテンを務め、レーヴのチーム作りを支えた。

ミロスラフ・クローゼ／規律を重んじるレーヴは、ルール違反を犯したストライカーを容赦なく追放。品行方正で知られるクローゼは、常にエースとして君臨し、ワールドカップ通算16得点という大記録を達成。

天敵・ライバル

デル・ボスケ／個人的なライバルではないが、レーヴ率いるドイツの進撃を二度にわたって防いだのが、スペインだった。2008年欧州選手権の決勝ではルイス・アラゴネスに、2010年W杯は準決勝でデル・ボスケに敗れている。

チェーザレ・プランデッリ／イタリアもまた、ドイツが手こずる相手だ。2006年W杯の準決勝ではリッピに、2012年欧州選手権の準決勝では、プランデッリに敗れた。2014年のドイツ優勝は、この2カ国との対戦がなかったという要因も。

Formation Case 01 ｜ ドイツ代表（2010）

Basic Formation

枯渇する左サイドバック

タレント豊富なドイツ代表が、唯一、悩み続けているポジションが左サイドバックだ。左利きの絶対数が少ない上に、ドイツの場合、得点に絡むFWやGKといったポジションの人気が圧倒的に高いため、サイドバックのなり手が少ない。2010年W杯では、長身とスピードを兼ね備えた“右利きの”ボアテングを置いた。これは攻撃面でデメリットが生じるが、左サイドハーフを左利きのポドルスキにすることで、右サイドはミュラーが中に入ってラームが上がる豊富な連係、左サイドはポドルスキがシンプルに縦をねらう攻撃と、バランスを見出した。

フォーメション	[4-2-3-1]
フリーキッカー	シュバインシュタイガー、エジル
ビルドアップ	ショートカウンター
メイン攻撃	サイド攻撃
DFエリアの高低	高い

Special Formation

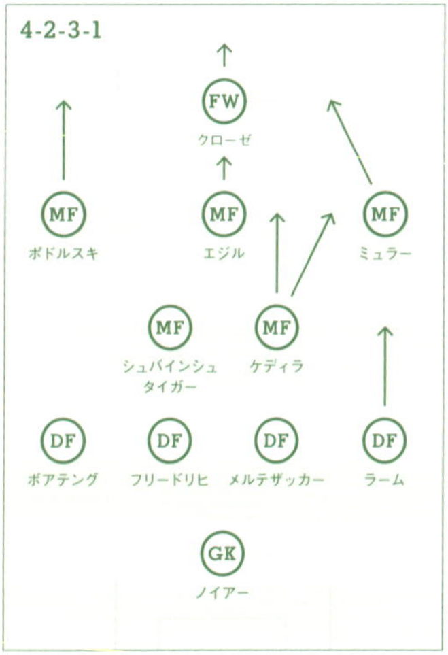

相手を飲み込むプレッシング

このチームの最大の武器は、プレッシングとショートカウンターだ。ドイツは世界トップクラスの運動量とスプリント力を誇り、高い位置から次々と襲いかかって、ボールを刈り取る。その長所が最も表れたのが、準々決勝のアルゼンチン戦だった。激しくプレッシャーをかけてアルゼンチンのミスを誘発し、メッシ、テベス、イグアインの前線は孤立。4-0の大勝を収めた。ゲームテンポが比較的ゆっくりとしたチームを、ドイツはゲームスピードの速さで飲み込むことができるため、一般的にレーヴのドイツは、南米勢に相性が良い。

Point!

技術はそれほどでもないが、運動量が豊富なケディラのハードワークは、攻守に渡ってチームの心臓となった。

Formation Case 02 ドイツ代表 (2014)

Basic Formation

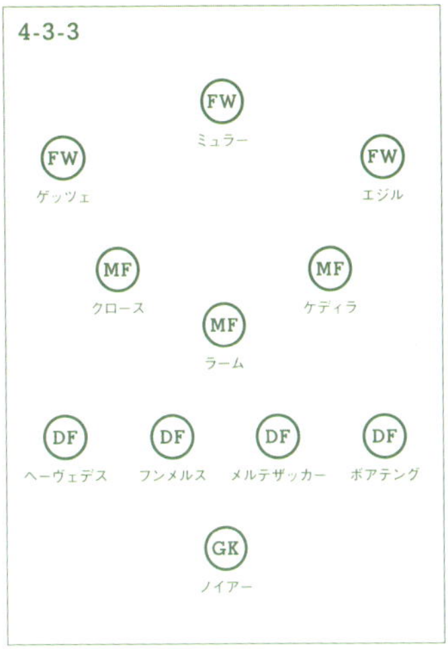

柔軟に戦える完璧なドイツ

左サイドバックの問題は変わらないが、4年前との大きな違いは、大会中にメンバーとポジションを柔軟に使い分けたこと。グループリーグではミュラーやエジルをゼロトップとして起用し、広範囲を動き回らせ前線の流動性を高めた。決勝トーナメントでは、純正FWのクローゼを1トップに起用。同時に、中盤の底でプレーしていたラームが右サイドバックに戻り、サイド攻撃を主としたバランス重視の戦術をとった。スーパーサブのシュールレも、決勝戦でアシスト。まさに集大成と呼ぶにふさわしい、ドイツ代表のパーフェクトな姿だった。

フォーメション	[4-3-3] [4-2-3-1]
フリーキッカー	シュバインシュタイガー、エジル
ビルドアップ	ショートカウンター、ポゼッション
メイン攻撃	サイド攻撃、スルーパス、セットプレー
DFエリアの高低	基本的には高め

Special Formation

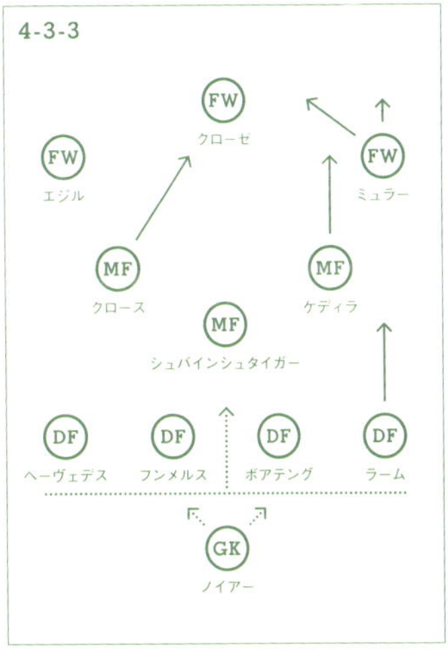

ミネイロンの惨劇を生み出したお家芸

ポゼッション重視のアルジェリア戦、バランス重視のフランス戦など、柔軟に戦い続けたドイツ。準決勝のブラジル戦では、最も得意な戦い方を見せた。4年前のアルゼンチン戦と同じく、高い位置からプレッシャーをかけ、相手の攻守を分断し、一気に飲み込む。そして奪ったボールを、高い位置を取るブラジルのサイドバックの裏へ運び、主に右サイドからカウンターへ。ブラジルのボランチはスペースを埋める動きも遅く、マイナスへ折り返すクロスが大きな効き目を見せた。また、この試合に限らないが、セットプレーでも重要な得点を挙げている。

Point!

最終ラインの裏のスペースをカバーするノイアーは、運動量とスピードを備えた新型GKの姿として、大きな注目を集めた。

私はポルトガル人だ。
歴史上のポルトガル人がそうであったように、
私も冒険を愛している

勝利への飽くなき欲求は
唯一無二のメンタリティー

José Mourinho
ジョゼ・モウリーニョ

≫監督になるまでの経歴、経緯、人物像

プロ選手を経験せず、一から指導者として研鑽を積み、指揮をとるチームを世界最高峰へと叩き上げるパイオニア。ボビー・ロブソンの元で通訳としてトップチームに帯同し、バルセロナなどで手腕を発揮。その後、ファン・ハールのアシスタントコーチも務めた。2000年にベンフィカの監督に就任し、初の指揮を執る。その後、2002年に引き抜かれたポルトで頭角を現し、2003 - 04シーズン、CL優勝の快挙を果たすと、一気にインターナショナルの舞台へ。次々と功績を重ねた。激情家であり、極度の負けず嫌い。その強すぎる個性は、スター選手から慕われることもあるが、逆にチームの分裂を引き起こすことも。

≫名試合

CL優勝の道で、大きな分かれ目となったのは、決勝トーナメント1回戦のマンチェスター・ユナイテッド戦だった。アウェーゴール差で敗退寸前まで追い込まれたセカンドレグ、ポルトは終了直前のコスティーニャのゴールで劇的な勝利を収めた。2003 - 04は全体的にビッグクラブが冴えず、本命不在のシーズン。レアルは、デル・ボスケ後の暗黒時代の初期、ユヴェントスもリッピ体制の終焉、バルセロナに至っては出場権すら逃している。決勝トーナメントには見慣れないクラブが並び、ポルトの名前もその中にあった。波に乗ったモウリーニョは、リヨン、デポルティーボ、モナコを退け、CL下克上を完遂。

育てた名選手

ドログバ／モウリーニョのチェルシー就任と同時に、マルセイユから引き抜かれる。フィジカルだけでなく、技術面でも大きく成長、世界的なストライカーとして名を馳せた。モウリーニョを「父親」と呼び、慕う。

ジョン・テリー／チェルシー就任直後、モウリーニョは主将にテリーを指名し、ランパードと共にチームの牽引役を依頼。以降、二人はブルーズのシンボルとして活躍し、ユナイテッドとアーセナルとの2強体制に割って入る存在になった。

天敵・ライバル

ジョゼップ・グアルディオラ／選手と通訳という親しい仲だったバルセロナ時代からとは変わり、レアルの指揮官としては、ことあるごとにグアルディオラを口撃し、揺さぶりを図った。結果的には自らの品性を傷つけることに。

アーセン・ヴェンゲル／2人の舌戦は今も収まる気配なし。モウリーニョはヴェンゲルに対しては、対等か、むしろ見下した態度で明け透けな発言を繰り返している。

Formation Case 01 ｜ インテル（2009-10）

Basic Formation

左右のバランスを重視した配置

セリエA、コッパ・イタリア、CLの3冠を果たした2009-10シーズンのインテル。ディエゴ・ミリートの飛び出し、エトーの突破力を、司令塔のスナイデルが長短を使い分けるパスで操る。当初はダイヤモンド型の4-4-2を採用したが、途中から、サイドを広くカバーできる4-2-3-1で守備を再構築。相手の攻撃的なサイドバックに対しては、両サイドハーフがマンツーマンで下がり、隙を作らない。バルセロナから移籍したエトーも、ハードワークを受け容れた。このやり方は、モウリーニョのチームにおける重要な引き出しになっている。

フォーメーション	[4-2-3-1] [4-4-2]
フリーキッカー	スナイデル
ビルドアップ	短いパス＋ロングパスを効果的に使う
メイン攻撃	カウンターとサイド攻撃
DFエリアの高低	低いが、機会があれば積極的に出る

Special Formation

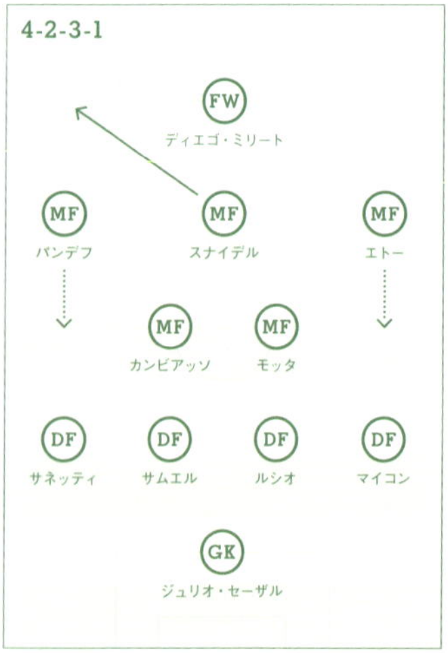

戦略的カウンターで沈める

モウリーニョにとって二回目のCL制覇を果たす上で、最大の山場になったのは準決勝のバルセロナ戦だった。イブラヒモビッチとメッシをマークしつつ、パスの出所であるシャビを分断。外からのクロスを入れられることは許容し、逆に、ダニエウ・アウヴェスが上がったスペースにスナイデルが流れることで、高速カウンターを仕掛けた。火山噴火の影響で14時間のバス移動を強いられたバルセロナは、コンディションもぼろぼろ。さらにモウリーニョはホームの芝に水を撒かず、規定ぎりぎりまで長くして、相手のパスを戦術と環境の両面で封じた。

Point!

最初はサイドにバロテッリを置くも、機能せず、冬の市場で攻守に汎用的なパンデフを獲得。3冠の鍵を握った。

Formation Case 02 | レアル・マドリード（2010-11）

Basic Formation

爆発的な得点力を生み出す豪華メンバー

基本布陣は4-2-3-1。エースであるC・ロナウドに得意な左サイドで勝負させ、その相棒となるパッサーのエジルをトップ下、右サイドにはドリブル突破と献身的な守備を兼ね備えるディ・マリアを置く。C・ロナウドが守備をさぼって空けるスペースは、シャビ・アロンソらがスライドして埋める。世界最高峰の技術とスピードを誇るカウンターには迫力があり、爆発的な得点力を生み出す。ビルドアップはシャビ・アロンソが中心になるが、そこを相手に封じられると、一気に手詰まりになる傾向があった。

フォーメション	[4-2-3-1] [4-1-4-1]
フリーキッカー	C・ロナウド、シャビ・アロンソ
ビルドアップ	シャビ・アロンソとエジルの縦ライン中心
メイン攻撃	カウンター、サイド攻撃、スルーパス
DFエリアの高低	低めに保ってカウンターのスペース確保

Special Formation

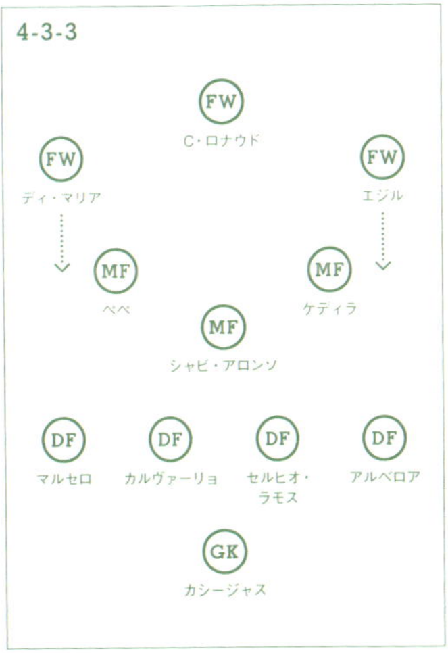

徹底したバルセロナ対策

1シーズンに5回も対戦したバルセロナとのクラシコ。最初はまともに打ち合って0-5の完敗。2回目からモウリーニョが採用したのは、中盤を暑くしたメッシ対策の布陣だ。ペペがメッシを徹底的に潰し、唯一、国王杯決勝では延長の末に1-0の勝利を収めたが、球際でファールがかさみ、ペペが退場する試合も。また、普段ならばC・ロナウドを左サイドに置くところだが、守備をしないエースのサイドを、ダニエウ・アウヴェスに切り裂かれる。そのため1トップに置いたり、ディ・マリアと交換して右サイドへ移すなど、さまざまな手を講じた。

Point!

球際のファールがかさむため、翌シーズンの終盤はこの形を捨て、エジルの守備改善と共に、元の布陣で戦うようになった。

私が好きなのは強い選手、すなわち勝者だ。
そして、勝者は働く習慣を持っている。
人生を通じて、彼らは働き続けるんだ

分析ベースのプレッシング戦術
トーナメントで無類の強さを発揮

Rafael Benitez

ラファエル・ベニテス

»監督になるまでの経歴、経緯、人物像

レアル・マドリードの下部組織で育ち、下部リーグでプレーしていたが、1986年に26歳で引退。早めの指導者キャリアをスタートした。2001年に就任したバレンシアで頭角を現し、2004年にステップアップしたリヴァプールではCL優勝を成し遂げた。戦術は守備から入ることが多く、プレスをかける手順を細かく指示する。また、試合中はベンチでメモを取りながら指揮し、選手とのコミュニケーションは、コーチやキャプテンに任せることが多い。典型的な戦術肌と言える。チェルシー、ナポリを経て、2015-16シーズンは念願のレアルに就任したが、守備的な戦術がファンに受け容れられず、批判の的になった。

»名試合

リヴァプール就任初年度となる2004-05シーズンのCL決勝、0-3から後半の6分間で3ゴールを挙げて追いつき、PK戦でミランを破った『イスタンブルの奇跡』は歴史的な偉業となった。同シーズン、あるいはミランに決勝でリベンジを果たされる2年後も、リヴァプールは本命とは目されておらず、ベニテスは一発勝負のトーナメントに強い監督として知られている。一方、リーグを制したのはバレンシア時代の2シーズンのみ。それは彼の戦術の特徴でもあり、試合前のスカウティングで相手チームを丸裸にし、強みを潰すディフェンスの構築に長けるが、攻撃で相手を圧倒するリーグ戦向きのチームにならない傾向がある。

育てた名選手

ルイス・ガルシア／ベニテスが評価を上げた2000-01シーズン、テネリフェで指導を受け、16得点とブレイク。2004-05シーズン、ベニテスのリヴァプール行きと共に移籍。イスタンブルの奇跡を起こす一員となった。

シャビ・アロンソ／レアル・ソシエダで国際的に名を挙げた後、多くのクラブが獲得を目指したが、バレンシアで有名になったベニテスの指導を受けたいと希望し、2004-05シーズンからリヴァプールへ。初年度にCLを制覇した。

天敵・ライバル

ジョゼ・モウリーニョ／リヴァプールとチェルシーの監督として舌戦を繰り広げた。私は毎年多くのタイトルを競うが、ベニテスはCLだけで楽だと、対戦の前にはベニテスを小馬鹿にするような発言で挑発した。

アレックス・ファーガソン／2008-09シーズンは途中まで首位に立ち、念願のリーグ制覇を目指したリヴァプールだったが、ユナイテッドとの優勝争いの末、2位に終る。熾烈なシーズンの中、2人の口撃を使った心理戦もエスカレート。

Formation Case 01 ｜ リヴァプール（2004-05）

Basic Formation

プレッシング＋ショートカウンター

プログラムされたプレッシング手順により、相手のポゼッションを破壊し、ショートカウンターに持ち込むのがベニテスの基本戦術。そのために、ハードワークできる選手を前線から揃える。新任の外国人監督は、自らのスタイルを浸透させるために、自国の選手や教え子を連れて移籍するケースが多いが、ベニテスもその例に漏れない。戦術理解度が高く、前線ならどこでもプレーできるルイス・ガルシア、中盤でサイドチェンジを使った展開を得意とするシャビ・アロンソは、スペインとイングランドの橋を渡す、重要なプレーヤーだった。

フォーメション	[4-2-3-1] [4-3-3] [4-4-2]
フリーキッカー	ジェラード、シャビ・アロンソ
ビルドアップ	ショートカウンター
メイン攻撃	サイド攻撃
DFエリアの高低	高め

Special Formation

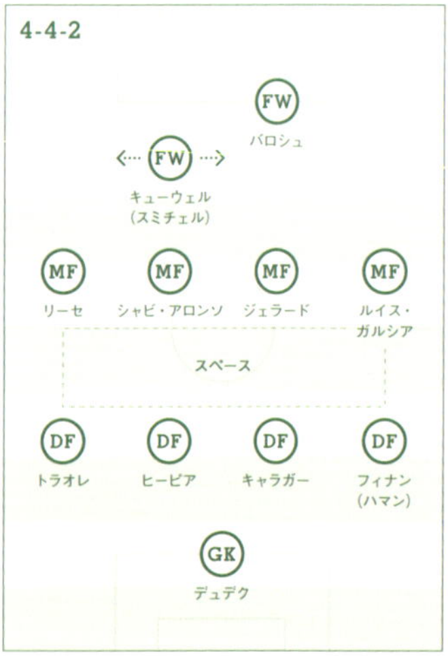

奇策に溺れ、奇策で巻き返す

CL決勝はハマンをベンチに置き、キューウェルをセカンドトップに置く4-4-2を採用。ミランの起点であるピルロを潰し、ポゼッションを壊そうと試みたが、逆にベニテスは、自分たちのボールロストからカウンターを食らう展開に悩まされた。ハマンを外して中央にスペースが空いたため、カカにドリブルを許し、0-3と大差を付けられる。奇策に溺れた。しかし、ハーフタイムにフィナンに代えてハマンを投入し、3-6-1へ。シーズンで一度も使っていない3バックでギアを上げ、怒涛の攻撃から3点を奪う。奇策の失敗を、奇策で取り返した。

Point!

前半の戦術がはまらなかったのは、キープレーヤーとなったキューウェルが23分に負傷交代したことも大きな要因である。

Formation Case 02 | レアル・マドリード（2015-16）

Basic Formation

守備的な戦術に批判を受ける

モウリーニョが苦々しく思い、アンチェロッティも戦術的手当てを施した、C・ロナウドの守備問題を、ベニテスは1トップに置くことで解決した。ところが、C・ロナウドの攻撃の良さも生まれにくくなり、失点は抑えられたものの、魅惑的なスタイルを求めるファンやメディアからは、「守備的だ」と批判を受けることに。また、スター選手からも好まれなかった。彼らはベニテスに「10番」とあだ名を付け、大した選手実績もない監督が自分たちに口うるさく指示を出す、と皮肉った。リヴァプール以降、ベニテスは目立った実績を残せていない。

フォーメーション	[4-2-3] [4-3-3]
フリーキッカー	C・ロナウド
ビルドアップ	カウンター、ポゼッション
メイン攻撃	サイド攻撃、ミドルシュート
DFエリアの高低	やや低め

Special Formation

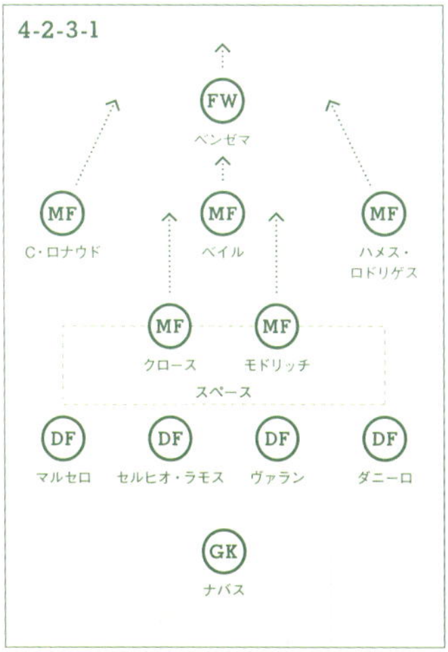

大一番で奇策を打つ傾向が強い

バルセロナとの伝統のクラシコは、単なる勝ち点3以上の意味を持つ。タイトルを獲得しても、クラシコに負け越した監督は、高い評価を得られない。このような重要な一戦で、概してベニテスは、奇策を用いる傾向が強い。それまで守備要員として起用していたカゼミロを外し、恐喝事件で取り調べを受けていたベンゼマが電撃復帰。スター選手をずらりと並べ、高い位置からハイプレスをかける戦術を採用した。しかし、このハイプレスは自らのチームの前後を分断し、広大なスペースをバルセロナに与えることに。0-4と大敗を喫した。

Point!

スター選手は細かく指示されることを嫌う。アンチェロッティやデル・ボスケは、スター選手には最小限の指示に留めた。

ボールが転がり始めれば、
王者も本命もない。
あるのは優勝を目指す
32チー　だけだ

断固たる決意で規律を植え付ける
バルサ戦術の伝道師

Luis Enrique

ルイス・エンリケ

≫監督になるまでの経歴、経緯、人物像

レアル・マドリードとバルセロナの両方でプレーし、2004年に引退。マラソンやサーフィンに励み、しばらくサッカーから離れていたが、2008年にグアルディオラがトップチームへ就任すると、空いたバルセロナのBチームで指導者をスタート。ローマ、セルタを経て、2014年からバルセロナのトップチームの指揮へ。性格は、規律に厳しい熱血漢で、選手とも体当たりでコミュニケーションを取る。2015年にはコンディション不良でスタメンから外されたメッシが仮病と疑われる練習欠席をしたため、厳罰を与えようとしたが、チームの空中分解を恐れたイニエスタ、シャビ、ブスケツが必死に制止した一幕も。

≫名試合

優勝を果たした2014-15CLの準決勝は、グアルディオラ率いるバイエルン・ミュンヘンとの対戦。バルサ哲学をベースとする新旧指揮官の興味深い一戦となった。同じスタメンを2試合続けることがほとんどないグアルディオラに対し、ルイス・エンリケはメンバーをほぼ　固定し、コンビネーションの醸成を重視した点が大きく異なる。オールコートマンツーマンなど、試合の状況に応じて目まぐるしく戦術を変えた前者に対し、後者は最小限の動きに留まった。1戦目はポゼッション率でバイエルンが上回ったが、バルセロナはカウンターからメッシが躍動し、3-0と大勝。2戦合計5-3で決勝進出を決めた。

育てた名選手

ノリート／セルタで活躍するFW。バルサBチーム時代、ルイス・エンリケから4年に渡って指導を受けた。選手としてのあるべき姿を教えられたルイス・エンリケに、ノリートは感謝している。

セルジ・ロベルト／ルイス・エンリケが指揮したバルサBチームで、好結果を残す。"息子"のように溺愛した選手を、2015 - 16シーズンはトップチームでサイドバックを含めて様々なポジションで起用している。

天敵・ライバル

ジョゼップ・グアルディオラ／現役時代を共にバルセロナでプレーした戦友。監督としてのルイス・エンリケはCLの直接対決に勝利したものの、黄金時代を築いたグアルディオラと事あるごとに比較され、なかなか高い評価を得られない。

Formation Case 01 | ローマ（2011-12）

Basic Formation

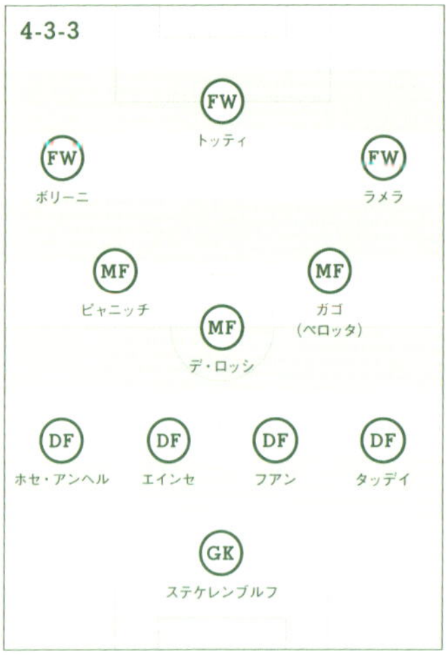

バルサ哲学の注入を試みたが……

変革を求めたローマが、新スタイルの創造主として招聘したのは、バルサBチームで結果を残したルイス・エンリケだった。偽の9番にトッティを指名し、中盤のポゼッションを礎とするバルサ哲学を注入。しかし、全員が若い頃からポゼッションを仕込まれた本家とは違い、ローマでは適応に苦しむ選手が目立つ。トッティもメッシとは異なり、個人で突破するタイプではない。強力なウイングと組めば、パッサーとして輝くのだが、序盤はその人材探しに苦労した。若手を中心としたロッカールームの争い事も絶えず、変革は1シーズンで頓挫。

フォーメション	[4-3-3]
フリーキッカー	トッティ、デ・ロッシ
ビルドアップ	ポゼッション、サイドチェンジ
メイン攻撃	中央突破、低いクロス
DFエリアの高低	高い。素早くボールを奪い返す

Special Formation

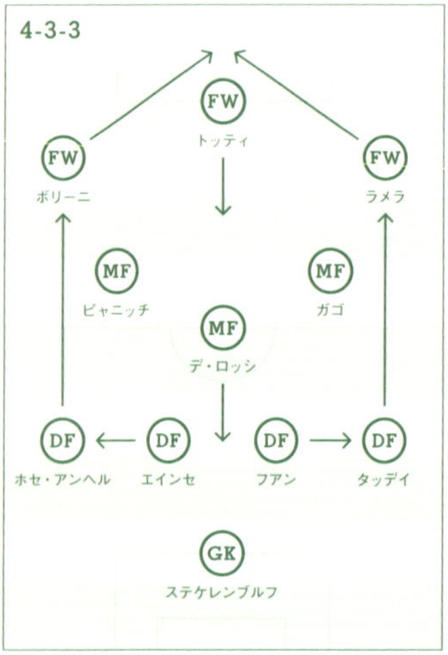

3-4-3に変形する攻撃

バルセロナやバイエルンにも見られる形だが、攻撃時にアンカーのデ・ロッシが最終ラインに下り、センターバック2枚の間に入って3バックに変形する。同時に、両サイドバックは高い位置へ上がり、両ウイングが絞る。この手順を踏むことのメリットは、第一に、ビルドアップの起点が安定すること。センターバック2枚に比べて、1枚増やした3枚なら相手FWのプレスに対してボールを逃し、縦パスを出しやすい。第二に、両サイドバックがピッチの幅を使いつつ、縦パスの受け手を中央に集めることが可能になる。

Point!

ルイス・エンリケは多くの選手にポジションのコンバートを指示したが、適応する選手、反発する選手はハッキリと分かれた。

Formation Case 02 | バルセロナ（2014-15）

Basic Formation

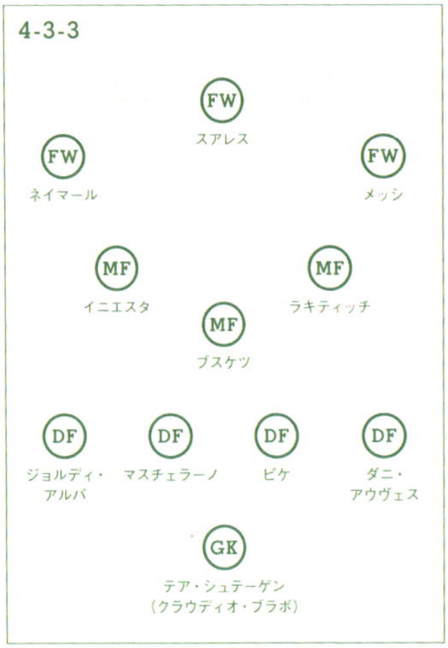

MSNの強力3トップを生かす布陣

中盤のポゼッションというバルサ哲学は変わらないが、ネイマールとスアレスの獲得により、個人の力をベースとした4-3-3を構築。グアルディオラ時代の両ウイングはメッシの黒子となり、チームプレーに徹したが、ルイス・エンリケは個に優れた3人を前線で同時起用。この3トップは各人の頭文字を取り、『MSN』と呼ばれることに。組織的なハイプレッシングは弱まったが、その代わりに、守備ブロックを低く敷き、ボールを奪ったら、3人の能力を生かして仕掛ける強力なカウンターが新たな武器となった。

フォーメション	[4-3-3]
フリーキッカー	メッシ
ビルドアップ	ポゼッション、カウンター
メイン攻撃	中央突破、ドリブル、ワンツー
DFエリアの高低	高めだが、守備ブロックを引くことも

Special Formation

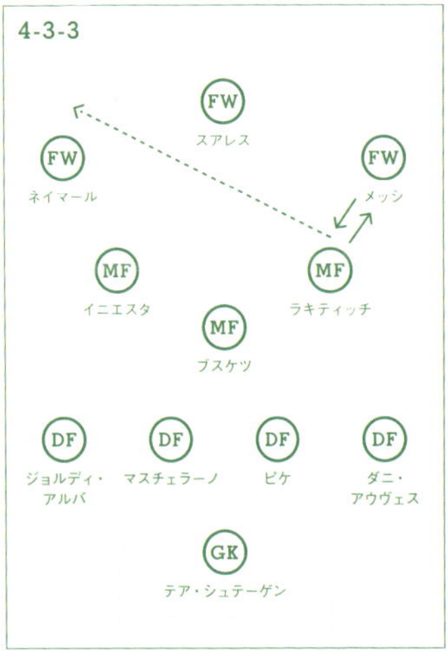

個の組み合わせがキーポイント

MSNの連係プレーを機能させる上で、チャンスメーカーとしてのメッシは重要なポイント。CL決勝のユヴェントス戦でも、右サイドで左足にボールを持ち、逆サイドのネイマールへ送った高速サイドチェンジが先制ゴールの起点となった。また、右サイドを時折離れるメッシをうまくサポートしたのが、右インサイドハーフに入ったラキティッチだ。攻守に渡ってメッシが空けた右サイドを埋めつつ、引いて守備ブロックを作るときは、対人の強さも発揮できた。シャビとは異なる個性が、このチームを完成させた。

Point!

個性の組み合わせに気を使うルイス・エンリケは、シャビを投入するとき、ほぼ必ず、イニエスタとの交代を指示した。

「私は確信している。
サッカー選手は、
ボールがうまく回っているという
実感があれば、24時間、
疲れることなく走り続けられる」

心術一体のボールプレー哲学は
無為なポゼッションに非ず

Josep Guardiola
ジョゼップ・グアルディオラ

»監督になるまでの経歴、経緯、人物像

芸術やファッションなど、さまざまな分野に興味を持つグアルディオラだが、とりわけサッカーに関する探究心は誰よりも強い。バルセロナの下部組織でクライフに才能を見出されると、テクニックと知性を生かしたサッカーを教え込まれ、自身も「なぜ？　なぜそうなるの？」と、純粋な好奇心を露わにした。モウリーニョとの比較により、冷静で知的なキャラクターが先行するが、実はかなりの情熱家。選手との関係について、監督によっては一線を引くタイプもいるが、グアルディオラは親密なコミュニケーションを好む。監督としての数々の偉業により、サッカーの枠を越え、カタルーニャのシンボルとなっている。

»名試合

バルセロナ就任初年度となる2008-09シーズンのCLに続き、2010-11シーズンもCLを制覇。決勝の対戦相手は、どちらもマンチェスター・ユナイテッドだった。生え抜きのピケを呼び戻し、ブスケツをBチームから引き上げたことを除けば、2008-09シーズンはライカールト時代から大きな変化はなかったが、2010-11シーズンのチームには、メッシの偽の9番起用法など、グアルディオラの個性が表れている。同シーズンに行われたモウリーニョ率いるレアル・マドリードとのクラシコにも、5-0と完勝。世界にバルサブームを巻き起こし、90年代にクライフが率いて、自身も所属した、ドリームチームの再来と称された。

育てた名選手

リオネル・メッシ／育てたよりも、「見出した」が正しい。ウイングドリブラーの印象が強かったメッシに対し、中央でプレーする『偽の9番』のポジションを用意。メッシの中に眠る、試合を決める才能を引き出した。

セルヒオ・ブスケツ／バルサBチームの教え子をトップチーム就任と共に引き上げ、チームの中心に据えた。フィジカルの優れた選手ではないが、技術と状況判断に長けるブスケツを、一流と認めた。

天敵・ライバル

ジョゼ・モウリーニョ／グアルディオラの選手時代、ファン・ハールの元で通訳兼コーチを務めたが、監督として相まみえると、友人関係は崩壊。度重なる口撃にも耐えたが、最後には会見で「君から学ぶものは何もない！」と吐き捨てた。

アレックス・ファーガソン／CL決勝で2度も破れたライバルを、ファーガソンは自身の後継者に望んだ。「他のクラブのオファーを受ける前に私に電話をしてほしい」と伝えたが、グアルディオラは応じず、2013年、バイエルン就任が決まった。

Formation Case 01 | バルセロナ (2010-11)

Basic Formation

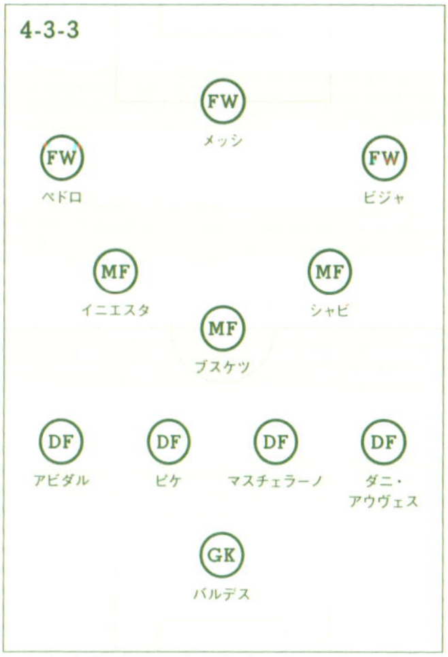

4-3-3のメリットとは?

バルセロナ伝統の4-3-3。このシステムのメリットは、各ポジションから放射状に、たくさんのパスコースを引けること。ポゼッションチームに向いた形。もちろん、グアルディオラにとって、ポゼッション率を高めること自体は、目的ではない。中盤でパスを回しながらポジションのバランスを整え、試合をコントロール下に置く。そのためのポゼッションである。攻守の鍵を握るのは、ピボーテと呼ばれる中盤の底のポジション。ブスケツはワンタッチ、ツータッチで、シンプルにボールを配り、守備時には相手のカウンターの芽を摘む理想の選手。

フォーメション	[4-3-3] [3-4-3]
フリーキッカー	シャビ
ビルドアップ	ポゼッション
メイン攻撃	スルーパスなど中央突破、低いクロス
DFエリアの高低	高い。素早くボールを奪い返す

Special Formation

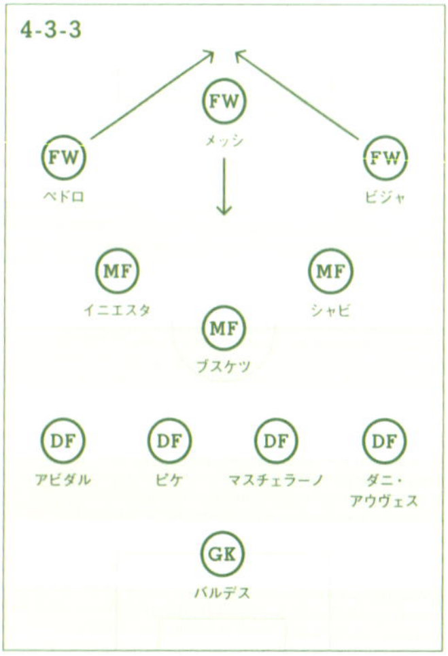

『偽の9番』におけるメカニズム

右ウイングだったメッシを、グアルディオラは中央へ移し、「ここが君の輝く場所だ」と伝えた。とはいえ、通常のセンターFWのように相手センターバックに張りつくわけではなく、中盤へ下り、相手ボランチの背後や横のスペースで縦パスを受け取る。ポイントは、両ウイングだ。相手センターバックがメッシを中盤へ追撃した場合、すかさずペドロやビジャが、空いたスペースへ両翼から斜めに飛び出す。この両ウイングが睨みを利かせることで、メッシは周囲のスペースを確保しやすくなる。メッシの力を最大限に生かすシステムだ。

Point!

技術と知性のお手本として尊敬される、シャビとイニエスタは、バルセロナの下部組織が育てた代表的な選手だ。

Formation Case 02 | バイエルン・ミュンヘン(2014-15)

Basic Formation

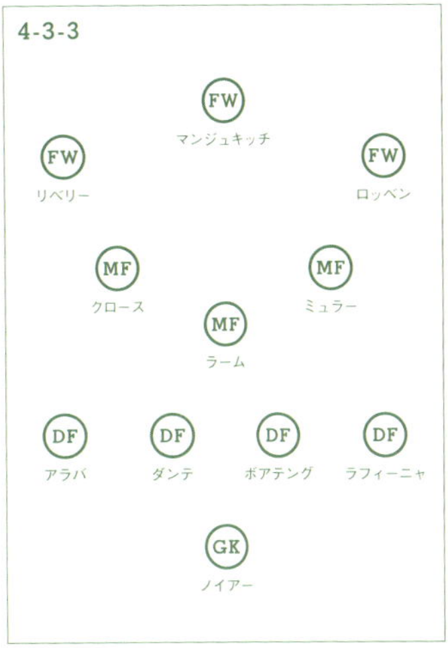

選手の個性を見定め、スタイル再構成

中央でのプレーを得意としたメッシはいないが、このクラブには長身で決定力のある1トップと、2人の世界的サイドアタッカー『ロベリー』が君臨する。グアルディオラは当初、偽の9番を使った中央突破をイメージしたが、選手の個性に合わないため、その考えに固執せず、攻撃陣に合わせてサイド攻撃やクロスを取り入れた。また、怪我人の多いアンカーには、「私が知る限り最も知性のある選手」と絶賛するラームをコンバートし、大当たり。中盤のポゼッションにこだわりはあるが、選手が気持ち良くプレーすることを重視する。

フォーメション	[4-3-3]
フリーキッカー	ロッベン、クロース
ビルドアップ	ポゼッション
メイン攻撃	サイド攻撃
DFエリアの高低	高い。攻守の切り替えで素早くボール奪取

Special Formation

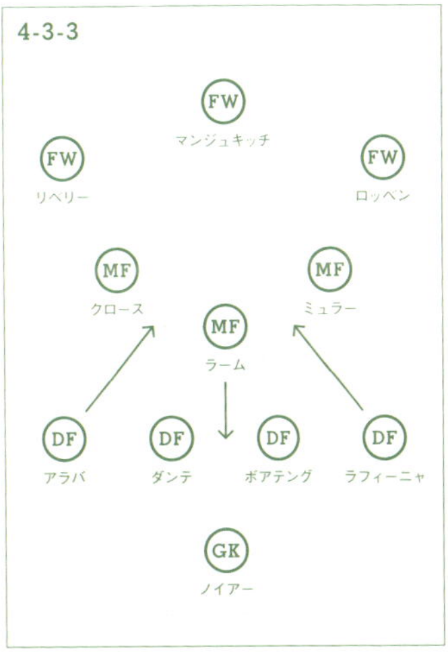

偽の2番、偽の5番

序盤のバイエルンは、なかなかバルセロナのようなポゼッションができなかった。センターバックからサイドバックへ、そして、またセンターバックへボールが戻ってくる。相手の守備ブロックの外で、"Uの字"を描くようにパスが行き交うばかりで、縦パスを入れられない。そこでグアルディオラが考案したのが、攻撃時に両サイドバックを中盤へ入れる、偽の2番、5番。中盤に厚みを作ってパスコースを増やし、リベリーやロッベンの仕掛けをサポート。さらにボールを奪われたら、高い位置ですぐに囲い込む。攻防一体の戦術が極まった。

Point!

ビルドアップは、ラームが最終ラインに下がって3バックに変形する。相手FWのプレスに対し、縦パスの起点が安定した。

私がNo.1の監督？
とんでもない。
私は“No.1チーム”の監督にすぎない

勝利へ導くバランス
実戦派で鳴らす名将の矜持

Marcello Lippi
マルチェロ・リッピ

» 監督になるまでの経歴、経緯、人物像

サンプドリアなどで守備的ポジションを務め、1982年に引退。指導者として地方クラブを渡り歩き、地道にキャリアを積み上げると、1994年に就任したユヴェントスで、11人全員でアグレッシブなプレスを浴びせて圧倒する、このクラブに似合った勤勉なサッカーを浸透させた。評価も急上昇。規律に厳しい指揮官であり、全員守備に組み入れられないバッジョとの確執から、"ファンタジスタ嫌い"と呼ばれることもあったが、決して個人の質を軽んじたわけではない。チームの守備を前提としつつ、その上で個の力を発揮できる攻撃的な選手は、むしろ重用した。デル・ピエロやネドベドは、その最たる存在と言える。

» 名試合

1994-99と2001-04シーズンの2度にわたってユヴェントスの黄金期を築き、CL決勝を4回戦った。そのうち1995-96シーズンは優勝。その後、2004年からは代表チームへ舞台を移し、イタリアの監督に就任。2006年ドイツW杯は、カルチョ・スキャンダルに揺れる中、準決勝でドイツを破り、決勝のフランス戦へ。ジダンのPKで先制されながらも、CKからマテラッツィが同点弾を挙げ、その後はフランスに押されながらも、ジダンの頭突きによる退場にも救われ、1-1でPK戦へ。5人全員が決めたイタリアが優勝を果たし、同時にリッピは、CLとW杯の両方を制覇した、史上初の監督として称賛された。

育てた名選手

デル・ピエロ／バロンドールのバッジョを控えに回し、リッピが抜てきしたのが、当時若手のデル・ピエロ。しかし、1998年に大怪我をしたことでチームの成績も下降し、シーズン途中のリッピ退任につながった。

アントニオ・コンテ／ユヴェントスの中盤を支えた愛弟子は、2005年から指導者の世界へ。2011年から率いた古巣では、師匠譲りの勤勉なハードワークをベースとしたスタイルを注入し、一時代を築いた。

天敵・ライバル

アントニオ・カッサーノ／才能豊かなFWだが、怠惰な私生活、監督やクラブへの暴言などが目立つトラブルメーカー。ドナドーニやプランデッリがイタリアの監督を務めたときは招集されたが、リッピの時代には一度も声がかかっていない。

クリスティアン・パヌッチ／カペッロとは師弟関係を築いたが、リッピとは反りが合わず、戦術や起用を巡ってケンカを起こす。他の監督や選手とも多々のトラブルがあり、このような選手を、リッピはグループに加えようとしない。

Formation Case 01 | ユヴェントス(1995-98)

Basic Formation

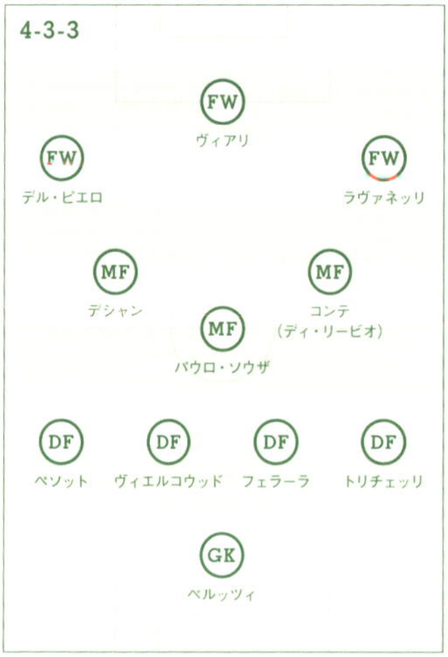

サッカーに大切なのはバランス

アリゴ・サッキが編み出した4-4-2のゾーンプレッシングに影響を受けたリッピだが、そのまま模倣せず、選手の個性に合わせて4-3-3にアレンジした。サッキの4-4-2は、攻撃力のあるサイドハーフとサイドバックが肝になったが、ユヴェントスは、デシャンやコンテ、パウロ・ソウザなど中央のハードワーカーの層が厚い。そして前線には、個人で違いを見せるFWが揃っている。リッピ曰く、サッカーで最も重要なものは『バランス』である。システムありきではなく、選手に合った形を模索するのがリッピのやり方だ。

フォーメション	[4-3-3] [4-4-2] [3-4-1-2]
フリーキッカー	デル・ピエロ
ビルドアップ	素早い縦パス
メイン攻撃	カウンター、スルーパス
DFエリアの高低	高い

Special Formation

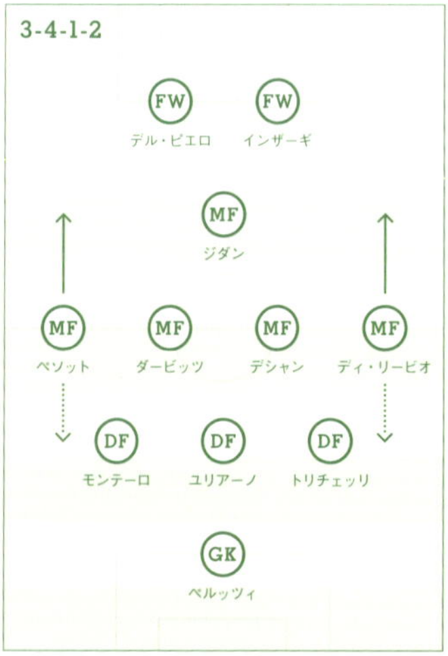

大きく舵を切らせたジダンの加入

サイドを広くカバーし、高い位置からハードなプレスを仕掛けるリッピの戦術目標において、ボールを欲しがるクラシカルな10番のトップ下は不要なポジションだった。そのためにバッジョは控えに回ったが、方針を変えさせたのは、96-97シーズンからやって来たジダンだ。当初は4-3-3システムのMFに入れようとしたがフィットせず、「ジダンはジダンとして使うしかない」と、トップ下を復活。当時セリエAで流行していた3バックを導入し、中盤の組織的なプレッシングと共存させた。実戦派のリッピは、常に最適な配置を探していた。

Point!

リッピの薫陶を受けた、コンテ、デシャン、パウロ・ソウザ、フェラーラなど多くの選手が、現在は監督として活躍中。

Formation Case 02 | イタリア代表（2006）

Basic Formation

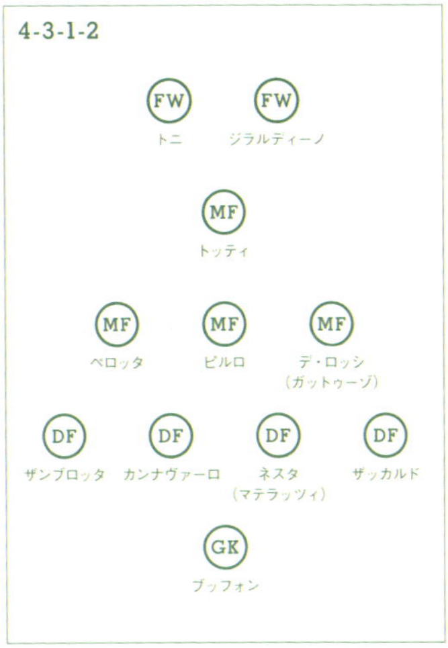

ピルロとトッティをサポートする布陣

攻撃の中心であるピルロとトッティを、運動量のあるペロッタとデ・ロッシ（ガットゥーゾ）が攻守に渡ってサポートするシステム。攻撃は常にピルロ経由で組み立てられ、その守備負担を減らすことができるサイドハーフの働きが鍵となった。リッピらしい、バランスの取れた守備が長所であり、大会7試合で許した失点は2に留まる。準決勝のドイツ戦、決勝のフランス戦はCKからゴールを挙げるなど、セットプレーでも活路を開いた。トッティは負傷明けで100％ではなかったが、スーパーサブのデル・ピエロと共に、攻撃にアクセントを付けた。

フォーメション	［4-3-1-2］［4-4-1-1］
フリーキッカー	ピルロ、トッティ、グロッソ
ビルドアップ	ピルロ経由のポゼッション
メイン攻撃	サイド攻撃、セットプレー
DFエリアの高低	やや低い

Special Formation

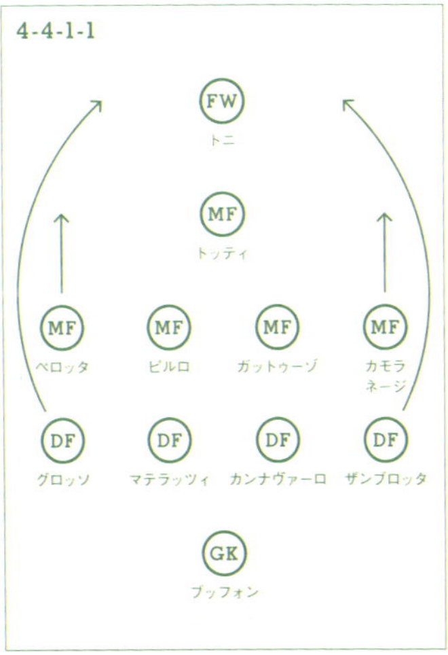

決勝トーナメントの戦い方へシフト

準々決勝ウクライナ戦から、トッティを1.5列目に置く4-4-1-1に変更。対戦相手のレベルが上がるため、サイドを広くカバーできる4-4のブロックを敷き、自陣でボールを絡め取る。そして、サイドバックは守備的なザッカルドから、攻撃センスのある左利きのグロッソにチェンジ。ザンブロッタが右サイドへ回り、中盤のカモラネージやペロッタと共にサイド攻撃を活性化させた。ザンブロッタはウクライナ戦、グロッソはドイツ戦で、先制ゴールを挙げている。安定したゾーンディフェンスとサイド攻撃が、決勝トーナメントの鍵を握った。

Point!

危険なシーンはいくつもあったが、センターバックのカンナヴァーロ、GKブッフォンが水際のスーパープレーで防いだ。

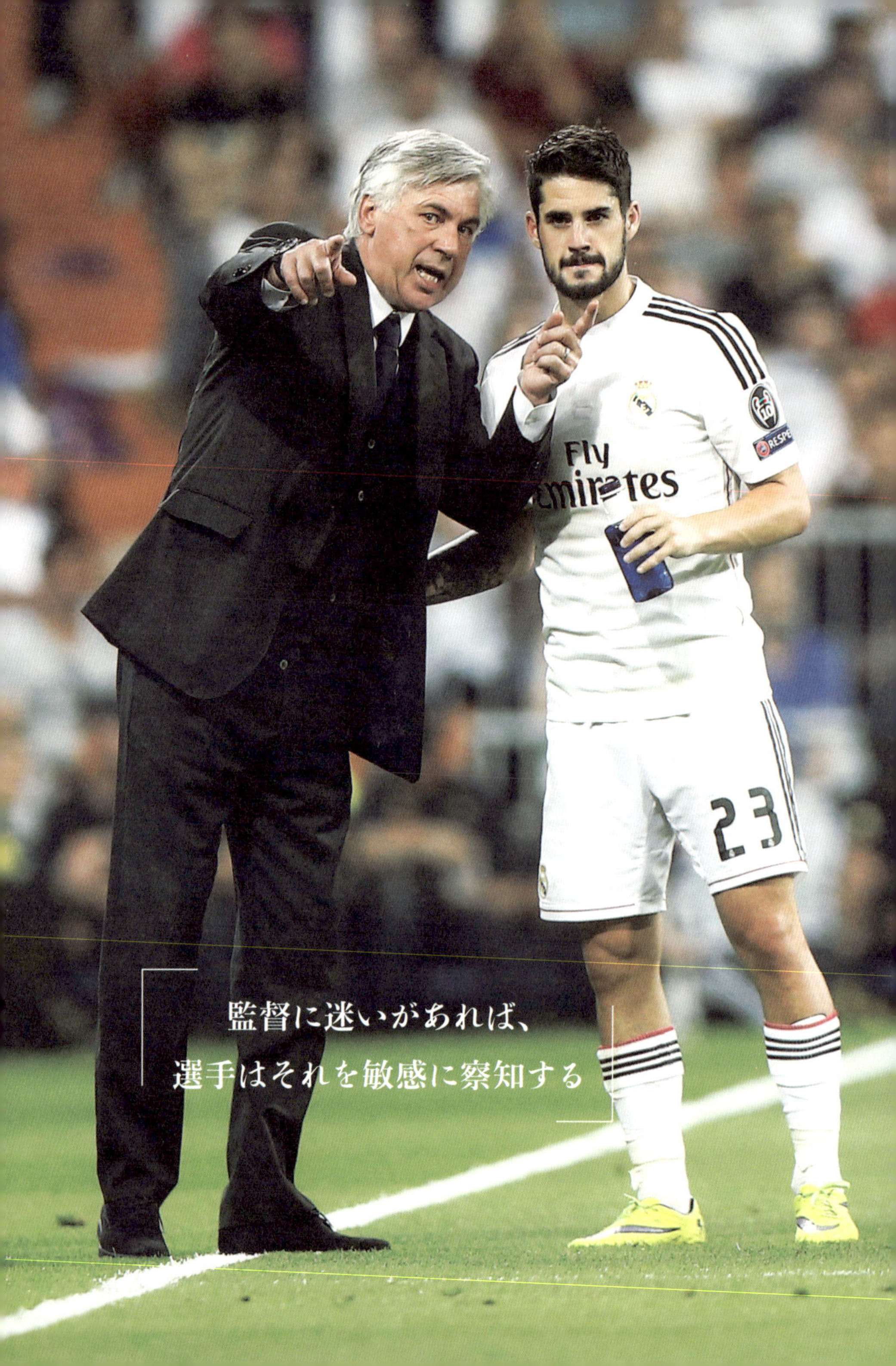

監督に迷いがあれば、
選手はそれを敏感に察知する

個を活かしつつ、組織を極める
完璧なバランスを生み出す戦術家

Carlo Ancelotti

カルロ・アンチェロッティ

»監督になるまでの経歴、経緯、人物像

現役時代はローマやミランで守備的MFとして数々のタイトルを獲得し、1992年に引退。監督としては2001年に就任したミランで2度のCL優勝を果たし、さらに2013年に就任したレアル・マドリードでは、自身3度目となるCL優勝を成し遂げた。4カ国で指揮を執り、国際経験も豊富。指導者としてスタートした当初は、4-4-2の信奉者だったが、加齢と共にシステムに対するこだわりはなくなり、選手の個性に合わせて、柔軟にシステムを構築するようになった。性格は穏やかで紳士的であり、レアル・マドリード在籍時には、「イタリア人のデル・ボスケ」と、現地スペインメディアから称賛された。

»名試合

2006-07シーズンのCL決勝は、2年前の決勝で前半に3-0とリードしながら、後半に追いつかれてPK戦で敗れた『イスタンブルの悲劇』の雪辱を果たすべく、リヴァプールとの再戦に臨んだ。試合の内容については、膠着する時間が長く、むしろ2年前の前半のほうがリヴァプールを圧倒していたが、ミランは手堅い試合運びを見せる。前半終了間際に、ピルロのFKからインザーギが肩で合わせて先制すると、1-0のまま終盤へ突入。後半37分、同点弾をねらって前がかりになったリヴァプールの隙を突き、カカのパスからインザーギが追加点。その後1点を返されたものの、2-1でミランが栄冠を手にした。

育てた名選手

カカ／10番タイプの司令塔がプレーメーカーとしてトップ下に入るシステムが廃れてきた時代に、スピードと得点力のあるカカは、新時代におけるトップ下の像を示し、アンチェロッティに重宝された。

アンドレア・ピルロ／カカの台頭に伴い、ピルロはトップ下から、ボランチでプレーすることを希望。アンチェロッティはそれを受諾。低い位置からゲームを作る、ディープ・プレーメーカーとして新境地を切り拓いた。

天敵・ライバル

ラファエル・ベニテス／2度に渡ってCL決勝で相見えた。プレッシング戦術を得意とするベニテスに、チームの安定性を壊されて苦戦したが、2006-07シーズンの決勝は、この対決にすべてを賭けて準備し、雪辱を完遂した。

ジョゼ・モウリーニョ／2008-09シーズンは、ミランとインテルの監督として激しく戦った。その後、チェルシーの監督に就任し、モウリーニョの足跡が残るチームを率いたことで、その手腕を深く知り、尊重し合う関係に。

Formation Case 01 | ミラン（2006-07）

Basic Formation

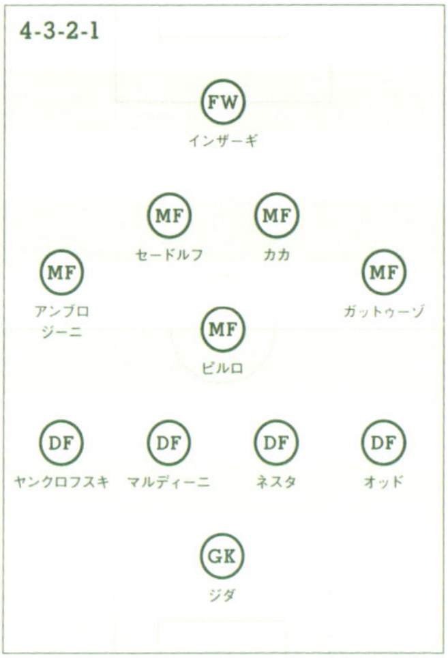

安定をもたらすクリスマスツリー

イスタンブルの悲劇に遭った2004-05シーズンの頃は、シェフチェンコやクレスポを2トップに使い、カカをトップ下に置く4-3-1-2を採用する傾向が強かった。しかし、徐々に『クリスマスツリー型』と呼ばれる、4-3-2-1へ方向性を変える。経験則から「最も知性のある選手はMFに集まる」と熟知しており、2トップの攻撃力を減らしてでも、MFを増やすことで、中盤のコンビネーションを高め、試合を安定的に支配することを求めた。3点差を追いつかれてしまった拙い試合運びに対する、反省とも言える。

フォーメション	[4-3-2-1] [4-3-1-2] [4-4-2]
フリーキッカー	ピルロ
ビルドアップ	ポゼッション
メイン攻撃	スルーパス、サイド攻撃、低いクロス
DFエリアの高低	やや低め

Special Formation

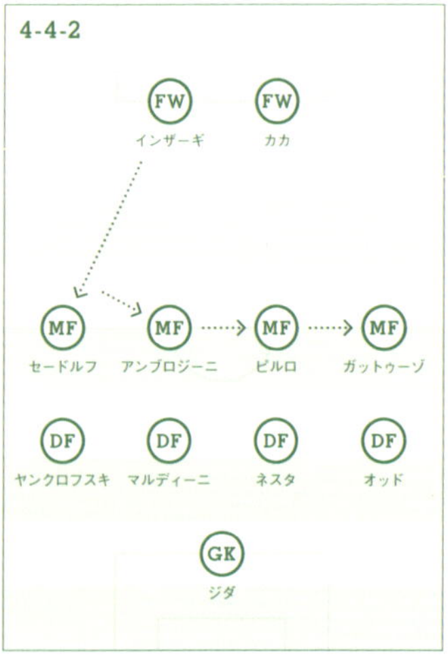

攻守のシステム変化

1994年ワールドカップでイタリア代表を率いた、アリゴ・サッキの下でコーチを務め、その薫陶を受けたアンチェロッティ。FW、MF、DFが3ラインを作る4-4-2のゾーンディフェンスは、守備面において、縦と横のスペースを効率的に圧縮できる最高の陣形であると信奉している。しかし、攻撃面においては、ポゼッションに向く陣形ではなく、ウイングタイプのドリブラーも使いづらい。そのため、各選手の個性をロスしないように、攻撃は4-3-2-1、守備は4-4-2と、攻守の場面に応じて使い分ける戦術を編み出した。

Point!

4-3-2-1のままでは、守備開始時、相手サイドバックにプレスをかけづらい。これを4-4-2への変化が解決する。

Formation Case 02 | レアル・マドリード（2013-14）

Basic Formation

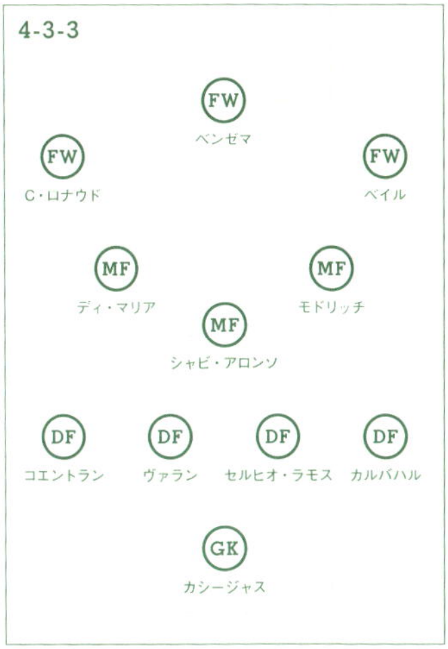

個性を生かすウイング型システム

3度目のCL優勝を果たした布陣。個性とシステムを高いレベルで融合させるアンチェロッティの手腕と、スター選手を買い集めるレアル・マドリードのクラブ志向は、理想的な組み合わせと言える。C・ロナウドやベイルを、得意なウイングで起用する4-3-3をメインシステムに採用し、縦の速さを生かす。また、両ウイングの配置と中盤の安定を両立させるため、トップ下を置かず、3人のMFを起用した。かつてはウイングを置くシステムを好まないアンチェロッティだったが、この柔軟性に、ビッグクラブで成功する秘訣がある。

フォーメーション	[4-3-3] [4-4-2]
フリーキッカー	C・ロナウド
ビルドアップ	縦に速いカウンター、ポゼッション
メイン攻撃	サイド攻撃、スルーパス
DFエリアの高低	やや低め

Special Formation

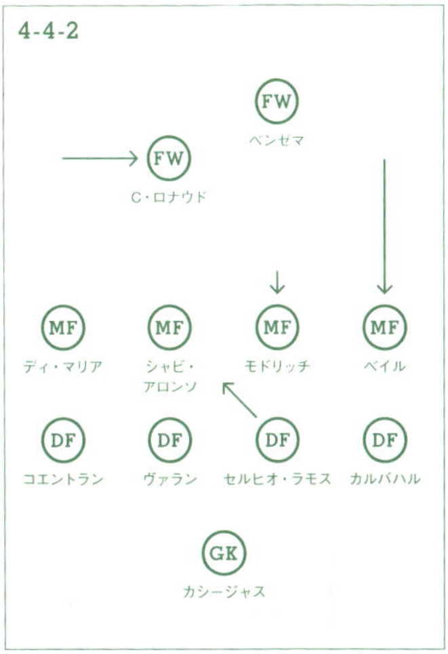

4-4-2変化が与えた最適解

守備時にベイルが中盤へ下がり、4-4-2に変形することで、ミラン時代と似た攻守のシステムを構築。モウリーニョは、守備をしないC・ロナウドの左サイドが常に守備の穴になり、このスター選手の扱いに終始煩わされていた。実力差の大きい対戦ならば、この程度の守備の穴は致命傷にならないが、CLの舞台ではそうはいかない。アンチェロッティは攻守のシステム変化を用いることで、ロナウドの守備タスクを減らし、積年の問題を軽やかに解決した。個性とシステムを融合させるアンチェロッティの手腕が光った。

Point!

同じスター選手でも、ベイルはサイドバック経験があり、加入1年目でもあるため、守備を精力的に引き受けた。

「家から来たままの自分でいろ。
もし、お前たちの母親が、
変わってしまった息子を見たら、
きっと失望するはずだ」

夢を与えるべきクラブに
ふさわしい戦術を追及する

Alex Ferguson
アレックス・ファーガソン

» 監督になるまでの経歴、経緯、人物像

マンチェスター・ユナイテッドが低迷期にあった1986年、監督に就任。『夢の劇場』にふさわしいチームを取り戻すべく、たるみきった選手に活を入れ、攻撃的なスタイルを目指した。特筆すべきは、選手との上下関係を決して覆させなかったこと。チームの全権を握り、個人の選手がチームを上回ることは、絶対にあってはならない。わがままは許さない。人気のあるスター選手にも決して主導権を握らせず、ファーガソンと対立した選手たちは、必ずクラブを去る羽目になった。ポジションのコンバートや、ローテーション起用に失敗し、選手に反旗を翻された数多の監督たちとは、この点が大きく異なる。

» 名試合

もちろん、三冠を達成した1998 - 99CL決勝は、名試合に違いないが、よりクラブの哲学が表れた試合として、2010 - 11 CL決勝が興味深い。2008 - 09の決勝以来のバルセロナとの対戦であり、2年越しのリベンジをかけた再戦だ。グアルディオラのサッカーはよくわかっている。まともに打ち合えば、好き放題にパスを回される。しかし、ファーガソンは守備的な戦い方を選択せず、序盤からハイペースで臨み、1 - 3で完敗。ファンや解説者は戦術に問題があると疑念を抱いたが、当のファーガソンは「ユナイテッドが守備的な戦いをするわけにはいかない」と貫徹。クラブの在るべき姿を自ら体現した。

育てた名選手

ギャリー・ネビル／若手育成を重視した90年代に育ったギグス、スコールズ、ベッカムらと共に『ファーギーズ・フレッジリングス』（ファーガソンのひな鳥）と呼ばれた。ロイ・キーンの後、2005年からキャプテンを6年間務めている。

デビッド・ベッカム／ひな鳥の一人だが、ヴィクトリア・アダムスとの結婚を機に、親鳥とは険悪に。ファーガソンは、サッカー選手が芸能人と付き合い、社交界へデビューすることを、快く思っていなかったため。

天敵・ライバル

アーセン・ヴェンゲル／アーセナルとユナイテッドで共にプレミアリーグで2ケタ年という長期政権を築き、舌戦を繰り広げた。ヴェンゲル自身は「これもエンターテイメントの一部。心理戦を楽しんでいる」と語っている。

ジョゼ・モウリーニョ／2003 - 04のCLで、ポルトを指揮してユナイテッドを破り、今度はチェルシーの監督として、プレミアリーグで再会。後にお互いの力を認め、ファーガソン引退後は後継者の一人として名前が挙がった。

Formation Case 01 | マンチェスター・ユナイテッド(1998-99)

Basic Formation

カンプ・ノウの奇跡で三冠へ

リーグ、国内カップ、CLの三冠を果たしたシーズン。特に語り草となっているのは、バイエルンとのCL決勝だ。ロイ・キーンとスコールズを出場停止で欠き、ベッカムをボランチ、ギグスを右サイドへ移す、苦肉の布陣で臨んだ。ところが攻撃は機能せず、0-1とリードを許す苦しい展開に。後半はシェリンガムとスールシャールを投入し、ベッカムとギグスを本来のポジションに戻すと、諦めかけた終了間際にCKから立て続けに2点を奪い、劇的な逆転勝利。試合が行われたスタジアムにちなみ、『カンプ・ノウの奇跡』と呼ばれた。

フォーメション	[4-4-2]
フリーキッカー	ベッカム、ギグス
ビルドアップ	ポゼッション
メイン攻撃	サイド攻撃、クロス
DFエリアの高低	低め

Special Formation

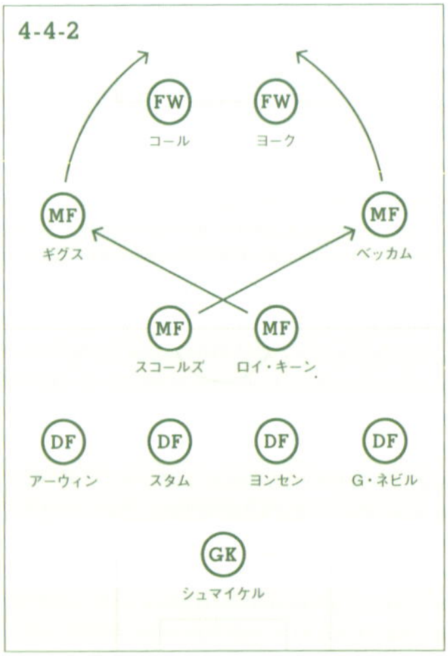

サイド攻撃とクロス重視

右利きのベッカムが右サイドハーフ、左利きのギグスが左サイドハーフ。前者は正確なクロスで、後者はドリブル突破を武器に、両サイドを攻略していく。2トップのヨークとコールは、クロスをゴールに仕立てるフィニッシュへ。そして、センターハーフのロイ・キーンとスコールズは、ロングパスでサイドチェンジを行う能力に長け、両サイドの攻撃力を生かす。さらに、フィニッシュの局面ではゴール近くへ侵入し、ミドルシュートを叩き込むなど、得点力にも長ける。各人の個性を生かす、シンプルな4-4-2だ。

Point!

非常に完成度の高いチームだが、CL決勝のバイエルン戦のように、ベストメンバーが欠けたとき、チーム力が急降下した。

Formation Case 02 | マンチェスター・ユナイテッド（2007-08）

Basic Formation

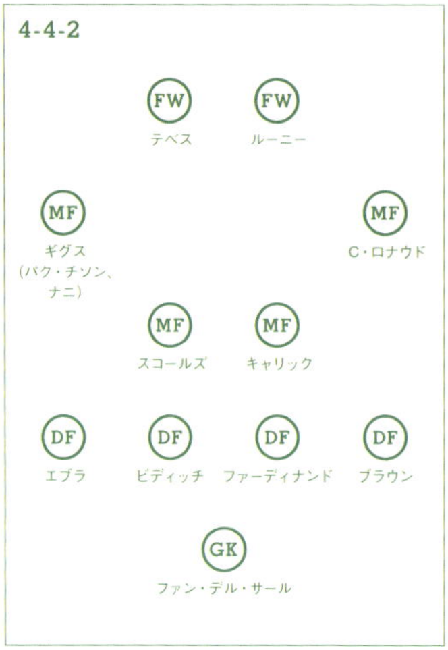

縦に速いカウンターが驚異的

サイド攻撃が中心であるスタイルは同じだが、2トップの構成が過去とは異なる。ハイクロスに合わせるタイプではなく、スピードと技術に長けたルーニーとテベスを組み合わせたことで、低いクロスの形、あるいは縦に速いカウンターの鋭さが増した。そして、特筆すべきはC・ロナウドだ。2003年に若手サイドアタッカーとして獲得したが、当初は独りよがりなドリブルやクロスが目立ち、効果的ではなかった。しかし、徐々にドリブルカットインからのシュート、CL決勝でも決めたヘディングの高さを発揮し、点取り屋として開花した。

フォーメション	[4-4-2]
フリーキッカー	C・ロナウド
ビルドアップ	縦に速いカウンター
メイン攻撃	低空クロス、コンビネーション
DFエリアの高低	低め

Special Formation

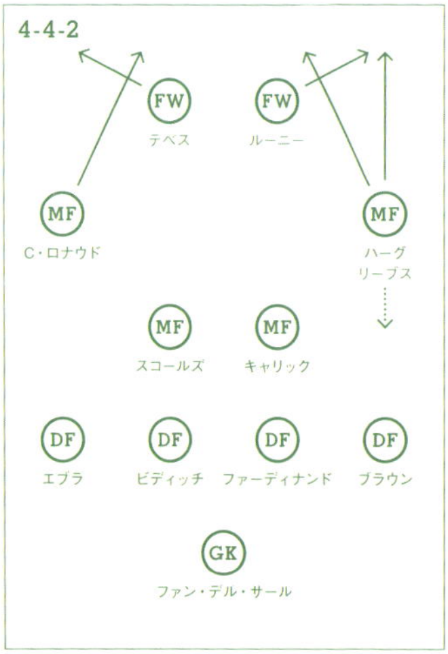

汎用プレーヤーの価値を示す

ファーガソンといえば、レギュラーを固定せず、ターンオーバー（入れ替え）を行う采配で知られている。メリットは、コンディションを整えやすいこと、ケガや出場停止で選手を欠く状況に強いこと、対戦相手によって戦術を変えられることが挙げられる。その意味で、終盤のキープレーヤーになったのはハーグリーブスだった。ビディッチが欠場し、ブラウンがセンターバックに回る試合では、右サイドバックを務め、CL決勝のチェルシー戦は右サイドハーフとして、攻撃的なA・コールと対峙。相手を右往左往させる運動量を発揮した。

Point!

ハーグリーブス、ブラウン、アンデルソン、オシェイなど、汎用性の高い選手を使う采配に長けている。

Johan Cruijff

ヨハン・クライフ

Column

1

サッカーを変えた男

ポゼッション戦術という新たなる価値観

1974年ワールドカップで大きな話題となったのが、クライフを中心にポジションが目まぐるしく変わる流動的なサッカーでファンを魅了したオランダ代表だ。そのスタイルは『トータルフットボール』と称賛された。

しかし、決勝では開催国の西ドイツに敗戦し、準優勝に。当時の試合について、後にクライフは振り返っている。

「1-2で敗れた後、私は茫然自失となっていた。しかし、数年後にファンの記憶に残っているのは試合に勝利したほうではなく、敗れた我々であることを知った。それから数十年を経た今日においても、世界中のサッカーファンが、あのときの我々のプレーを称賛してくれることを誇りに思っている」

記録よりも、記憶に残る男。それはトロフィーでは計り知れない誉に違いない。

ところが、美しい記憶にもデメリットはある。時間と共に薄れてしまうのだ。実績やタイトルは色褪せず、ユニフォームに星マークとして形に残るが、儚く美しい記憶は、やがて消えるのが世の常だ。

その後、監督に転身したクライフは、記憶以上の足跡を残すことになる。1980年代から世界のサッカーはフィジカル重視の方向に進んでいたが、クライフは「まるで陸上選手だ」とバッサリ。技術と知性に優れた選手を生かすポゼッション戦術を構築した。

クライフにとってディフェンスとは、相手にボールを渡さないこと。永遠にボールを回し続ければ、失点のリスクはゼロだ。この理念に基づくのが、クライフのポゼッションサッカーである。よく走り、よく戦うサッカーに、技術と知性という新たな価値観を植え付けた。身体的に優れていなくても、誰もが世界のトップで戦える。その教え子であるグアルディオラは次のように語る。

「クライフは現代サッカーの基礎を築いた。それを守り、発展させていくのは我々の使命だ」

2016年3月24日、68歳で永眠したヨハン・クライフ。記録や記憶が消えたとしても、その魂は、サッカーの中に生き続ける。

上／試合を見つめる監督時代のクライフ　左下／代名詞ともいえる背番号14　右下／バルサでも数々の伝説を築いた

Chapter 2
智将

リッピの言葉を借りるなら、名将とは名チームの監督に過ぎない。
確かな手腕を持ちながらも、チームとの巡り合わせ、戦術の方向性、
あるいは運により、ビッグタイトルに縁のなかった歴戦の監督も多い。
1章で条件とした今世紀の名将には入らなくても、
実力は折り紙付きである14人の智将を選り抜いた。

Resourceful General

—

Diego Simeone
Fernando Santos
Ernesto Valverde
Unai Emery
Manuel Pellegrini
Lucien Favre
Fabio Capello
Roberto Mancini
Antonio Conte
Claudio Ranieri
Massimiliano Allegri
Arsène Wenger
Didier Deschamps
David Moyes

戦術や技術はいつでも話し合いに応じる。
だが、ハードワークの交渉は不可能だ

スペインの2強を震え上がらせた
闘争心とハードワーク

Diego Simeone

ディエゴ・シメオネ

»監督になるまでの経歴、経緯、人物像

アルゼンチン代表で中盤の潰し屋として活躍。2006年に引退すると、母国のクラブで監督を務め、2011年12月からアトレティコ・マドリードに就任。当時はバルセロナとグアルディオラが名声を極めた時代であり、誰もが彼らのメソッドに惹かれていた。ところが、就任初日にシメオネが選手に伝えた言葉は、「違う方法で勝つことができる」。バルセロナと同じ方法で戦えば、より適したエンジンを持つ彼らには敵わない。努力と勤勉さでスペースを消し、相手のタイヤをパンクさせて勝つ。質で劣ることは許すが、全力を尽くさない選手は許さない。「試合から試合へ」を哲学とし、すべての情熱を試合のみで完結させる。

»名試合

2013-14シーズンは18年ぶりのリーグ優勝を果たすと共に、CLではミラン、バルセロナ、チェルシーと歴代チャンピオンを倒して、40年ぶりに決勝へたどり着いた。決勝はレアルとのマドリードダービー。前半36分にゴディンのゴールで先制し、あと少しで優勝に手が届くところだったが、後半アディショナルタイムにCKからセルヒオ・ラモスにまさかの同点弾を食らい、延長戦へ。押し込まれる展開の中で疲弊していたアトレティコも守り耐えたが、ついに延長後半に決壊。怒涛の3失点を食らい、1-4でCL優勝を逃した。「この試合は涙を流すには値しない」とシメオネが語る、まさに名勝負だった。

育てた名選手

ガビ／アトレティコの生え抜き選手。正確な技術でチームをコントロールする。ヘタフェやレアル・サラゴサを経て、2011年にクラブ復帰。アントニオ・ロペスの退団により、シメオネのチームでキャプテンを任される。

コケ／アトレティコの生え抜き選手。正確な技術と、豊富な運動量を武器に、中盤のあらゆるポジションを務める。Bチームから昇格し、シメオネがレギュラーに抜てき。セットプレーのキッカーも任せた。

天敵・ライバル

ジョゼップ・グアルディオラ／しのぎを削ったのは1年半と短かったが、「ポゼッションは相手を快適にする」と語るシメオネにとって、グアルディオラとの戦いは真っ向勝負と言える。正反対の哲学を持つが、お互いをリスペクトする姿勢もある。

ジョゼ・モウリーニョ／2013-14シーズンCL準決勝では、チェルシーに勝利を収めた。シメオネはピッチでは闘争心を表に出すが、ピッチを離れると紳士的な態度で接する。敵の多いモウリーニョも、シメオネとはリスペクトし合う間柄だった。

Formation Case 01 | アトレティコ・マドリード(2013-14)

Basic Formation

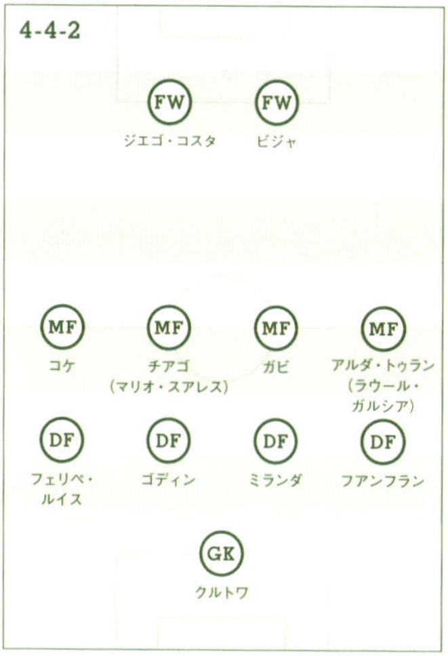

持ち味は鉄壁のゾーンディフェンス

チームの最大の持ち味は、1試合平均1失点を切る鉄壁のゾーンディフェンスだ。CLでも1試合平均0.5失点で決勝までたどり着いた。基本システムは4-4-2。味方同士の距離を均一に保ち、10人がコンパクトに保たれた守備ブロックが上下左右に連動。相手がブロックの中にパスを入れてきた瞬間、ガブッと噛みつける。相手はそれを恐れ、ブロックの外でボールを回すしかない。ボール回しに対してアトレティコの守備は何の危険も感じない。この状態を指してシメオネは「ポゼッションは相手を快適にする」と言っている。

フォーメション	[4-4-2] [4-1-4-1]
フリーキッカー	コケ、ガビ
ビルドアップ	カウンター
メイン攻撃	スルーパス、クロス、セットプレー
DFエリアの高低	やや低め

Special Formation

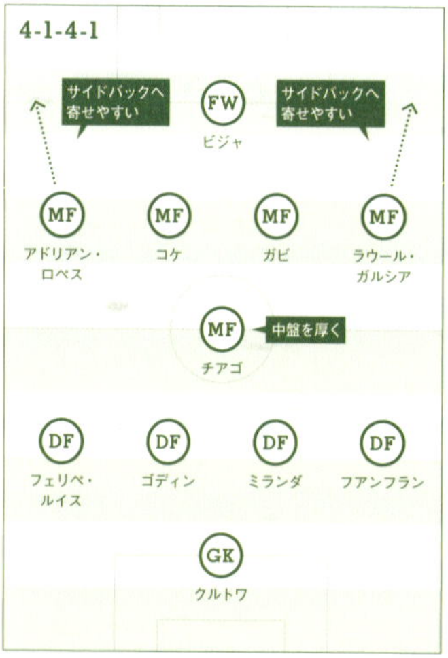

お尻の深い4-1-4-1との併用

4-4-2は強力な2トップを前線に残し、なおかつ、相手がディフェンスラインでパス回しにもたつけば、すぐに高い位置で追い詰めることも可能なシステムだ。しかし、CL決勝のレアル戦では、前半36分に先制した後、後半から4-1-4-1へシフト。攻撃的にギアを入れて打開を図るレアルに対し、シメオネは中盤の厚みを増やし、両サイドバックに素早くアプローチできる横幅を作った。守備を重視するときに用いる戦術だが、FWが1枚減ったことでレアルの見事なポゼッションに押し込まれ、疲弊し、延長戦まではもたなかった。

Point!

CL決勝は肉離れで離脱したばかりのジエゴ・コスタを起用したが、前半9分に退き、交代枠を減らしたことが後で響いた。

Formation Case 02 | アトレティコ・マドリード(2015-16)

Basic Formation

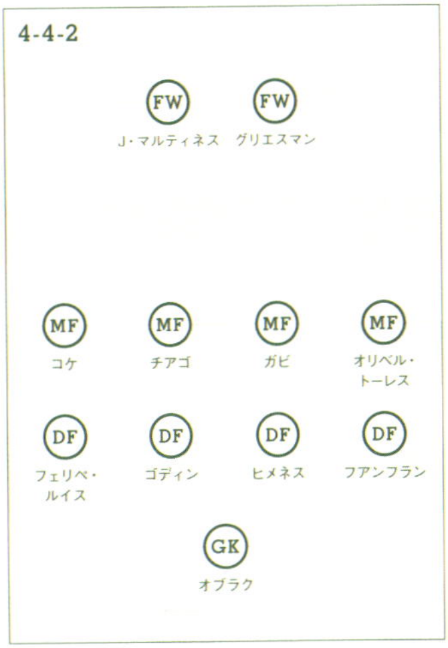

戦力補強で新たなステージへ

ジャクソン・マルティネス、ビエット、コレアらを獲得し、大きな戦力補強を行ったアトレティコ。シメオネの指揮下で上位をキープした後、新たなステップアップを図った。今まで通りの堅守速攻の4-4-2と、ウイングを置く4-3-3の2システムを使い分け、これまでよりも攻撃的なサッカーを目指す。しかし、戦術理解度の低いジャクソン・マルティネスは中国の広州恒大へ放出。そのため、序盤のチームはなかなか固まらず。シメオネにとってもクラブにとっても、新たなステージへ行くための挑戦である。

フォーメション	[4-4-2] [4-3-3] [4-1-4-1]
フリーキッカー	コケ、グリーズマン
ビルドアップ	カウンター、ポゼッション
メイン攻撃	スルーパス、サイド突破、セットプレー
DFエリアの高低	やや低め

Special Formation

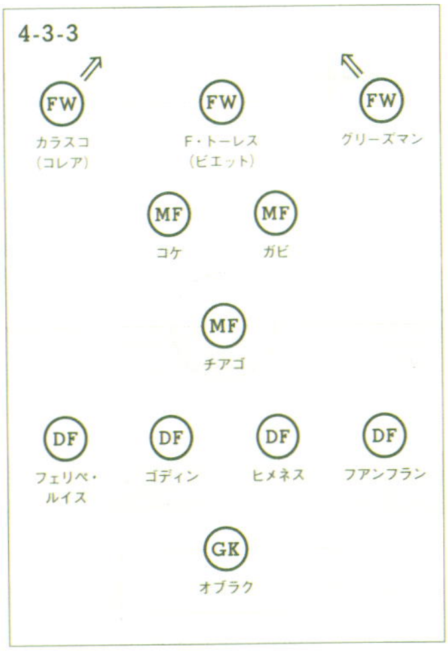

ワイドに開いてプレーするウイングを生かす

4-4-2の場合は、大外のスペースが空いているので、2トップが流れながらサイドに起点を作る。基本的にカウンターシステムなので、縦に運ぶ選択肢が少なく、引いた相手を崩しづらい。その点、4-3-3は最初から両サイドにウイングプレーヤーを置く。中盤から展開し、グリーズマン、コレア、カラスコらが、前を向いてドリブルで仕掛ける。このシステムは引いた相手を崩しやすいが、4-4-2よりもワイドに広がった攻撃を仕掛けるため、守備に切り替わるときに攻守のバランスを取りづらい。どちらも長短がある。

Point!

シメオネが指揮を執ってから、アトレティコはタックル数とファール数が急上昇。戦う哲学がよく表れている。

試合に勝つには
謙虚な気持ちでいることが重要だ

堅牢なディフェンスを築き
相手をリスペクトして現実的に戦う

Fernando Santos

フェルナンド・サントス

» 監督になるまでの経歴、経緯、人物像

ベンフィカの下部組織で育ち、マリティモでプロデビューしたが、度重なるケガにより21歳で現役引退。電気技師として働き、10年ほどサッカーから離れたが、1987年に3部クラブの監督へ。7年かけて1部リーグへ昇格させた手腕が評価されてステップアップし、1998年に強豪ポルト、その後もスポルティングやベンフィカ、ギリシャのPAOKテッサロニキ等を歴任した。戦術は攻撃を好む一方、現実的に戦う意識が強い。ギリシャ代表を率いた2012年欧州選手権の戦前には、「ギリシャにメッシはいない。戦術が最優先で、テクニックはその次だ」と選考基準を説明し、相手のサッカーを封じる守備的なカウンター戦術を選択した。

» 名試合

初めて代表チームを率いたギリシャでは、2012年欧州選手権、ブラジルW杯に参戦し、下馬評の高くないチームでグループリーグ突破を果たす。両大会共に1戦目と2戦目でつまずき、1分け1敗で3戦目を迎えたが、ロシアに1-0で勝利して逆転突破。ブラジルW杯でも終了間際のPKでコートジボワールに2-1と、やはり劇的な逆転突破を成し遂げた。決勝ラウンドについては、2012年欧州選手権はドイツに、ブラジルW杯はコスタリカに敗れて大会を去ったが、コスタリカ戦ではパワープレーで1-1の同点に追いつき、PK戦に持ち込むなど、最後まで相手を困らせる粘り強さをみせた。

育てた名選手

コンスタンティノス・ミトログル／技術、スピード、高さを兼ね備えたストライカー。多くの選手を試す中でサントスは2012年欧州選手権のメンバーに選出した。ブラジルW杯予選プレーオフのルーマニア戦では、2戦3得点と爆発し、本大会進出に貢献。

ティアゴ・メンデス／2014年に母国ポルトガルの代表監督に就任。ティアゴ、カルヴァーリョなどベテランを再評価し、復帰させた。2011年に代表引退を表明していたティアゴだが、早まった決断を後悔しており、サントスの招集レターを喜んだ。

天敵・ライバル

オットー・レーハーゲル／2004年に奇跡を起こしたドイツ人の偉業は、ギリシャ国民の記憶に残っている。しかし、サントスはあえて現実を見るように促し、浮き足立たないように謙虚な気持ちでいることを選手に求めた。

Formation Case 01 ギリシャ（2014）

Basic Formation

守備をベースに長所を生かして点を取る

守備がベースとなるギリシャのシステムは4-1-4-1。コネとマニアティスが相手ボランチへプレッシャーをかけ、自陣の高めの位置でボールを奪い取り、カウンターをねらう。攻撃のメインは、クロスとセットプレー。ブラジルW杯に出場したギリシャ代表の身長は32カ国中3番目に高い184.2センチであり、チームの長所を生かして戦った。また、ギリシャの平均年齢は32カ国中6番目に高い28.5歳。サントスはその後に就任したポルトガル代表でもベテラン勢を呼び戻したように、経験を重視してメンバーを選ぶ傾向がある。

フォーメション	[4-1-4-1] [4-2-3-1]
フリーキッカー	カツラニス、カラグニス
ビルドアップ	カウンター、ロングボールからサイド起点
メイン攻撃	クロス、セットプレー
DFエリアの高低	やや低め

Special Formation

退場により堅さを一段高めた守備

ブラジルW杯の日本戦は前半38分にカツラニスが2枚目の警告で退場。劣勢に立たされた。日本はトップ下の本田圭佑が広く動いてカツラニスに的を絞らせず、そのアンカーの両脇のスペースを突いていたが、ギリシャは10人になったことで、攻撃的なフェトファティディスを下げ、カラグニスを入れて4-4-1へ。4枚の2ラインがコンパクトに中央を固め、それまで日本が有効に使っていたスペースを消した。クロスの雨は降ってきたが、自慢の高さで跳ね返す。アクシデントに動じず、逆に手当てを施したギリシャが0-0で勝ち点1を得た。

Point!

退場後は日本のセンターバックに自由にボールを持たせ、全体のラインを下げて待ち構える守備戦術になっている。

Formation Case 02 ｜ ポルトガル代表（2016）

Basic Formation

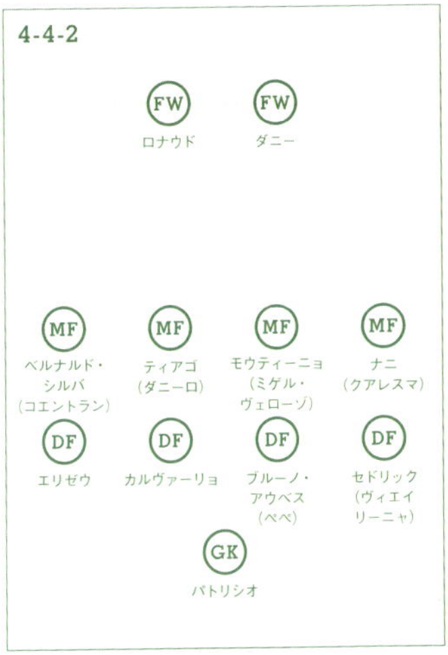

2トップの機動性を生かす4-4-2

守備ベースのサントスらしく、2016年欧州選手権予選を首位で通過したポルトガルは、8試合で7勝のすべてが1点差ゲームという手堅い試合を見せた。基本システムは4-4-2。これまでポルトガルが多く採用してきた4-3-3に別れを告げている。サントスは、「もうポルトガルは古典的な4-3-3ではプレーできない。我々にはゴールに背を向けてボールを持てるFWがいないからだ。純粋なセンターフォワードと呼べるのはポスティガが最後だった」と理由を語る。1トップの駒不足により、2トップの機動性を生かすシステムを選択した。

フォーメーション	[4-4-2]
フリーキッカー	ロナウド、モウティーニョ
ビルドアップ	カウンター、ポゼッション
メイン攻撃	サイド攻撃、スルーパス、コンビネーション
DFエリアの高低	やや低め

Special Formation

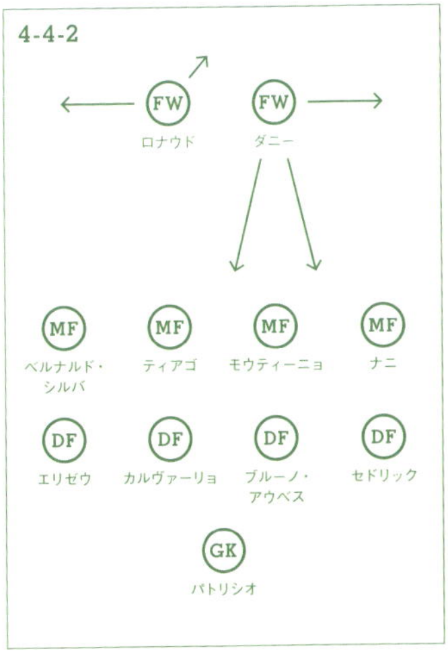

戦術『ロナウド』は成功するか？

ロナウドが好むエリアは左サイドだが、サントスは守備を怠る選手をサイドに置きたがらない。そこでロナウドを2トップに置いて守備タスクを減らし、攻撃時は左サイドに流れる自由を与えて気持ち良くプレーさせる。この4-4-2は、1トップの駒不足と共に、守備をしないロナウドの居場所を確保する。「どんなチームでも、ロナウドがいたら頼らざるを得ない」というサントスの言葉通り、戦術の中心にロナウドがいる。「ギリシャにメッシはいない」と謙虚にチームを作り上げたサントスが、ポルトガルではロナウドを得て、戦術を構築した。

Point!

決断力のあるロナウドに対し、ダニーは動き回ってチャンスを作る司令塔タイプ。補完的な2トップの組み合わせだ。

欲する結果を手に入れるためには、
常に競争の道を行かなければならない

アグレッシブな闘争心と団結力
バスクの魂をチームに映し出す

Ernesto Valverde

エルネスト・バルベルデ

»監督になるまでの経歴、経緯、人物像

現役時代は主にエスパニョールやビルバオでプレーしたFW。1997年に引退し、指導者としても、この2クラブで実績を挙げていく。まずはビルバオでユースやBチームを率いて経験を積み、2003年からトップの監督へ。リーグ戦でひと桁順位をキープし、2006年からエスパニョールを指揮。UEFAカップ準優勝により一躍有名になったが、2009年に就任したビジャレアルでの失敗により、再び評価を下げた。このタイミングで日本代表就任の交渉もあったが、実現せず。その後、2013年に古巣ビルバオへ8年ぶりに復帰すると、いきなりリーグ4位とCL出場権を獲得。再び、バルベルデの名を世に轟かせた。

»名試合

アスレティック・ビルバオは、バスク人の純血主義を貫くクラブ。バルベルデはバスク出身ではないが、幼少期にバスク地方へ移住していたことで、プレーする権利を有した。現役時代から、このクラブで長い時間を過ごしたバルベルデには、ビルバオならではのバスクの団結力と闘争心が備わっており、監督としても、チームに戦う魂を注入する。それが強く表れたのが、2015-16シーズン開幕前のスペイン・スーパーカップだった。オフシーズンのたるみを引きずる最強の三冠王者、バルセロナに対し、ビルバオは球際の大半を制して5-1と大勝。クラブに31年ぶりとなるタイトルをもたらした。

育てた名選手

アイメリック・ラポルテ／フランス領バスクで育ち、ビルバオの下部組織に入ったフランス人の左利きセンターバック。189㎝の長身と足下の技術を併せ持つ。ビエルサ時代のビルバオでデビューした彼を、バルベルデは不動の主力に据えた。

イナキ・ウィリアムズ／ビルバオで生まれて下部組織で育ったクラブ史上初の黒人選手。2014年にバルベルデの下でデビューを果たした。スピードはリーガ最速。

天敵・ライバル

ルイス・エンリケ／2014-15シーズンのスペイン国王杯決勝では、バルセロナに1-3で破れ、ビルバオは準優勝に終わった。バルセロナがリーグも制したことで、出場権がこぼれて来た翌季スーパーカップは、リベンジを果たす場となった。

マヌエル・ペジェグリーニ／バルベルデが失敗したビジャレアル。その前任者は、流麗なポゼッションを志向するペジェグリーニ。戦術の色合いの違いを克服できず、チームを低迷させたバルベルデは半年で解任された。

Formation Case 01 | エスパニョール（2006-07）

Basic Formation

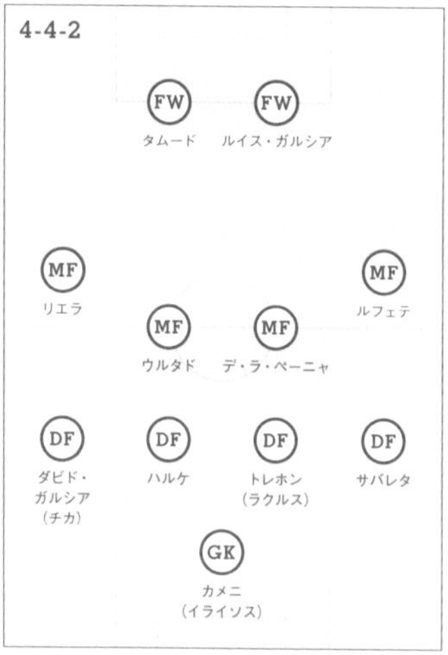

強固なディフェンスとサイド攻撃

バルベルデが作るチームは、中盤の激しいプレスでボールを奪う強固なディフェンスと、サイド攻撃をベースとする。MFのサバレタを右サイドバックにコンバートし、運動量豊富なハードワーカーのルフェテと縦のコンビを形成。反対の左サイドは、左利きで個の突破力に長けたリエラを置く。中盤は必殺のスルーパスを誇るデ・ラ・ペーニャの守備力不足に目をつぶる一方、最終ラインもこなせる守備的なウルタドとの組み合わせでバランスをキープ。各所における縦や横のコンビが、お互いに長短を補完し合うようにシステムを考案した。

フォーメション	[4-4-2]
フリーキッカー	デ・ラ・ペーニャ
ビルドアップ	縦に速いカウンター、スルーパス
メイン攻撃	サイド攻撃
DFエリアの高低	低め

Special Formation

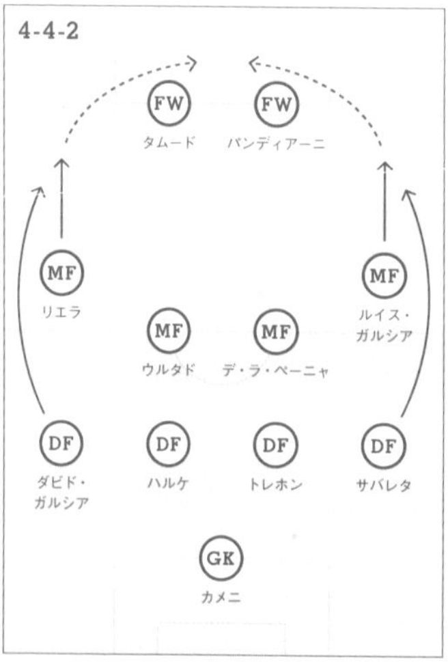

強力2トップで攻撃陣形へ

リスクを避ける傾向が強いバルベルデのチームは、リーグ戦で引き分けが増えて勝ち点を落とす一方、負けてはならないカップ戦では勝負強かった。UEFAカップ決勝のセビージャ戦も、ウルタドの退場で10人になりながら、粘り強く2-2でPK戦に持ち込み、惜しくも敗れた。勝負をかける必要があるときは、エースのタムードに加え、フィジカルと空中戦に長けたパンディアーニで強力な2トップを組み、ルイス・ガルシアとリエラを両翼に置く。守備から入るチームだけに、相手をこじ開けるオプションの存在が必要だった。

Point!

リーグ戦との両立を困難と判断したバルベルデは、当時の第2GKイライソスをUEFAカップで起用。後にビルバオで再会。

Formation Case 02 | ビルバオ（2014-15）

Basic Formation

ビエルサの遺産をバルベルデ流に修正

キック&ラッシュのバスクサッカーに、足下の技術とコンビネーションを注入したビエルサの後任。攻撃において修正した点は、無理に中央へ崩そうとせず、シンプルなサイド突破からのクロスで、空中戦と足下の両方に優れるアドリスの決定力を生かすこと。また、攻撃的MFのデ・マルコスを右サイドバックへ移し、サイドの突破力を高める手法は、エスパニョール時代と同じ。中盤をパッサーのベニャあるいはイトゥラスペと、ハードワーカーのミケル・リコで組ませるオーソドックスなやり方も一貫しており、全体的にバランス重視になった。

フォーメション	[4-2-3-1]
フリーキッカー	ベニャ、ラポルテ
ビルドアップ	ショートカウンター
メイン攻撃	サイド突破からクロス
DFエリアの高低	高め

Special Formation

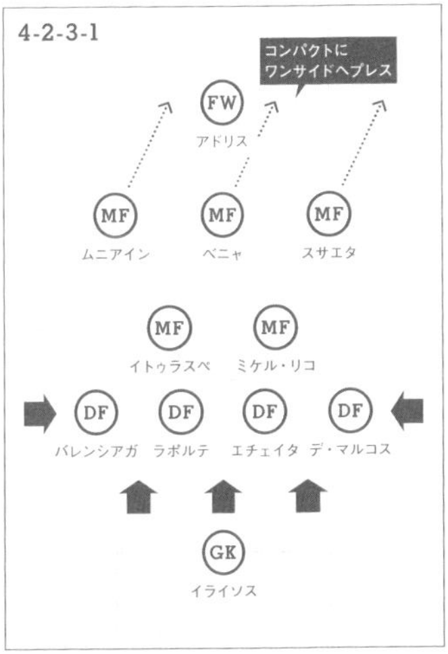

コンパクトなゾーンディフェンス

守備面で修正した点は、コンパクトなゾーンディフェンスを敷き、全体が塊となって、高い位置からプレスをかけること。ビエルサも高い位置から守備をしたが、マンツーマンであるため、相手に釣られて味方間にスペースが空きやすい。バルベルデはすき間をギュッと圧縮し、ラインの高低にかかわらず、全体がコンパクトであることを重視した。デメリットとして必然的に逆サイドが空くが、そこへ展開されないように、プレスの強度が重要になる。ラポルテ、アドリス、デ・マルコスなど数人を除き、ターンオーバーして強度を保ったのもポイント。

Point!

ビルバオ就任前に半年だけ指揮を執ったバレンシアからは続投を打診されたが、クラブ経営の不安定さを理由に断った。

「プレセンテ（現在）、プレセンテ、プレセンテ。
未来を決めるのはプレセンテであり、
私はプレセンテを生きている」

寝ても覚めてもフットボール
入念な分析で戦術を組み立てる

Unai Emery
ウナイ・エメリ

» 監督になるまでの経歴、経緯、人物像

「フットボールの病に冒された男」と自身を形容する、戦術肌の監督。暇さえあれば、深夜まで他チームの映像を見て研究し、スポンジのようにアイデアを吸収する。入念な分析によるマッチプランの構築に長け、時に墓穴を掘るが、ハマると強い。選手としてはレアル・ソシエダの下部組織で育ち、トップチームにもデビューしたが、目立った活躍はない。2004年から指導の道に入り、2008年にバレンシア史上最年少の監督として抜てき。4シーズン率いた後、ロシアでの短い指揮を経て、2013年からはセビージャへ。すぐに2年連続でELを制するなど、その手腕にタイトルの評価が付き始めている。

» 名試合

2014-15シーズンのEL決勝、セビージャはウクライナのドニプロに3-2で逆転勝利を果たした。2年連続となるEL優勝を果たした偉業について、もっとも評価すべき点は、毎シーズン主力を失いながら、たどり着いたタイトルであること。モンチSDによる"安く買って高く売る"マネージメントにより、大活躍した主力選手は、ほぼ例外なく翌シーズンのリストから消える。2013-14はネグレドとヘスス・ナバスを失い、2014-15はラキティッチとモレーノを失った。毎シーズン、チームの再構築を要するため、シーズン序盤につまずくことも多いが、最終的に良いチームに育て上げる手腕はさすがだ。

育てた名選手

マタ／レアル・マドリードの下部組織にいたが、トップチームへ昇格できず、移籍したバレンシアのエメリの下で花開くことに。賢く、攻撃の才能にあふれたマタと一緒に過ごし、エメリ自身も学ぶことが多かったと振り返る。

カルロス・バッカ／20歳までバスの運転手の助手を務めながらプロを目指した、苦労人のストライカー。セビージャのエメリの下では、攻守に渡る多彩な戦術的要求に応え、ブレイクを果たした。2015年に約40億円の移籍金でミランへ。

天敵・ライバル

ルイス・エンリケ／エメリが率いたチームはバルセロナに対して20試合勝ちなしだったが、ついに2015-16シーズンの第7節に初勝利を挙げた。それは「ビッグクラブ相手に弱い」と言われてきたエメリにとって、格別な1勝と言える。

Formation Case 01 | バレンシア（2009-12の3シーズン）

Basic Formation

才能が躍動する流動的アタック

2009-10シーズンは、エメリ率いるバレンシアが最も攻撃的で、最も魅力にあふれていた。ビジャが中央に留まらずサイドに流れたり、マタが中に入ったり、攻撃的な両サイドバックが上がってきたりと、流動的なポジションチェンジでサイドを崩し、技術と創造性の高さを見せつけた。特に圧巻だったのはシルバ。ブロックのすき間でパスを引き出して相手を混乱させたり、カウンターの起点になったりと、幅広く活躍。そのクオリティー故、翌年にマンチェスター・シティへ移籍することになるが、個人の才能が躍動したシーズンだった。

フォーメション	[4-2-3-1]
フリーキッカー	ビジャ、シルバ、マタ
ビルドアップ	ポゼッション
メイン攻撃	サイド攻撃、スルーパス
DFエリアの高低	やや低め

Special Formation

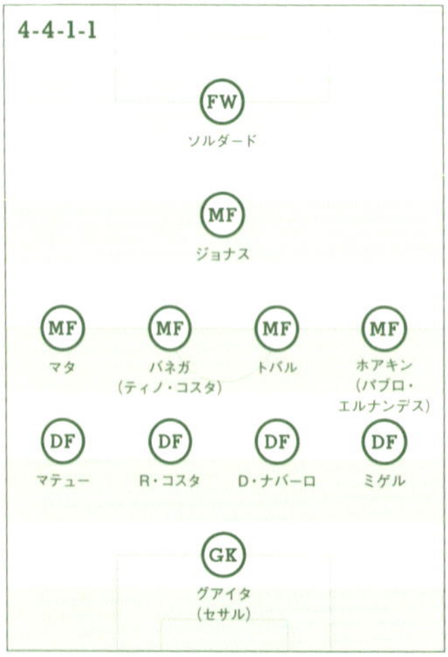

コンパクトな守備とカウンター重視へ

ビジャやシルバの個人技に依っていた前年から、2010 - 11シーズンは、この2人を放出して迎えることに。エメリは4 - 4 - 1 - 1を基本としてコンパクトな守備力を高めつつ、対戦相手によって4 - 3 - 3や3 - 4 - 3などシステムを変えながら、効果的なカウンターをねらう戦術を整備した。セビージャに限らず、バレンシア時代から、毎シーズンのように主力が離脱する環境下で、チームの再構築を繰り返してきた。この状況で3年連続リーグ戦3位、CL出場権を確保し続けるなど、誰にでも出来ることではない。

Point!

戦力に合わせた現実的なチーム作りだが、過去の攻撃的な魅力に縛られたクラブの上層部やファンからは支持されなかった。

Formation Case 02 ｜ セビージャ（2014-15）

Basic Formation

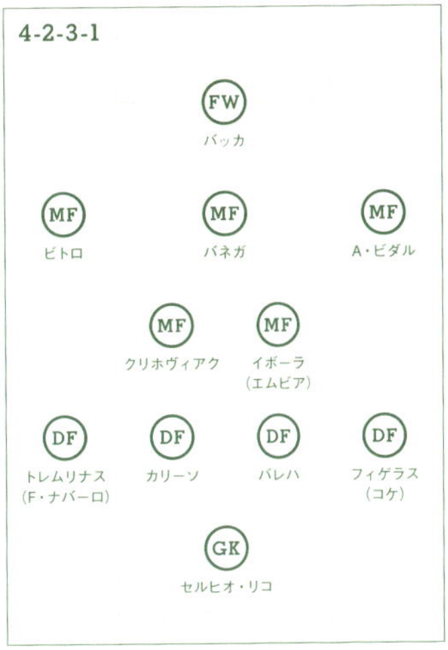

攻撃的なサイドと、守備力のある中央

走力のある攻撃的な両サイドバックのオーバーラップは、エメリ戦術の共通項と言える。相手が低い位置から出て来ない場合、堅い守備からのカウンターが通じない。ポゼッションしながら相手を中央に寄せ、サイドチェンジから一気にサイドを突き崩す。一方、攻撃的な両サイドに対して、ボランチの2人は守備力がキーポイントになる。バランサーとして優秀なクリホヴィアクと、空中戦に強いイボーラ、あるいはエムビアが中盤を支えた。エメリはリーグ戦とELでターンオーバーを行いながら、選手を適宜休ませ、層の厚いチームを作り出した。

フォーメション	[4-2-3-1]
フリーキッカー	バネガ
ビルドアップ	ポゼッション、ショートカウンター
メイン攻撃	サイド攻撃、セットプレー
DFエリアの高低	やや低め

Special Formation

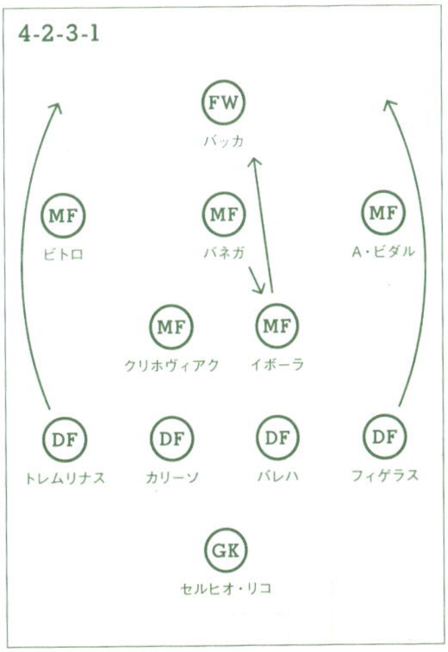

攻守における縦のポジションチェンジ

前年度EL制覇の立役者となったトップ下のラキティッチがバルセロナへ移籍したため、エメリは代役として、バレンシア時代の愛弟子であるバネガを獲得した。ポジションはトップ下だが、ポゼッション時に中盤の底へ下がり、イボーラが入れ替わって前線へ上がる。空中戦に強いイボーラが、攻撃時はサイド攻撃からのフィニッシャーになり、逆に小柄なプレーメーカーのバネガは、ポゼッションからサイドへ展開するパスを散らす司令塔になる。この仕組みにより、バネガとイボーラの長短を組み合わせるシステムを作り上げた。

Point!

この仕組みが使われるのは遅攻時。相手がスペースを空けて速攻が有効ならば、バネガがそのままトップ下でプレーする。

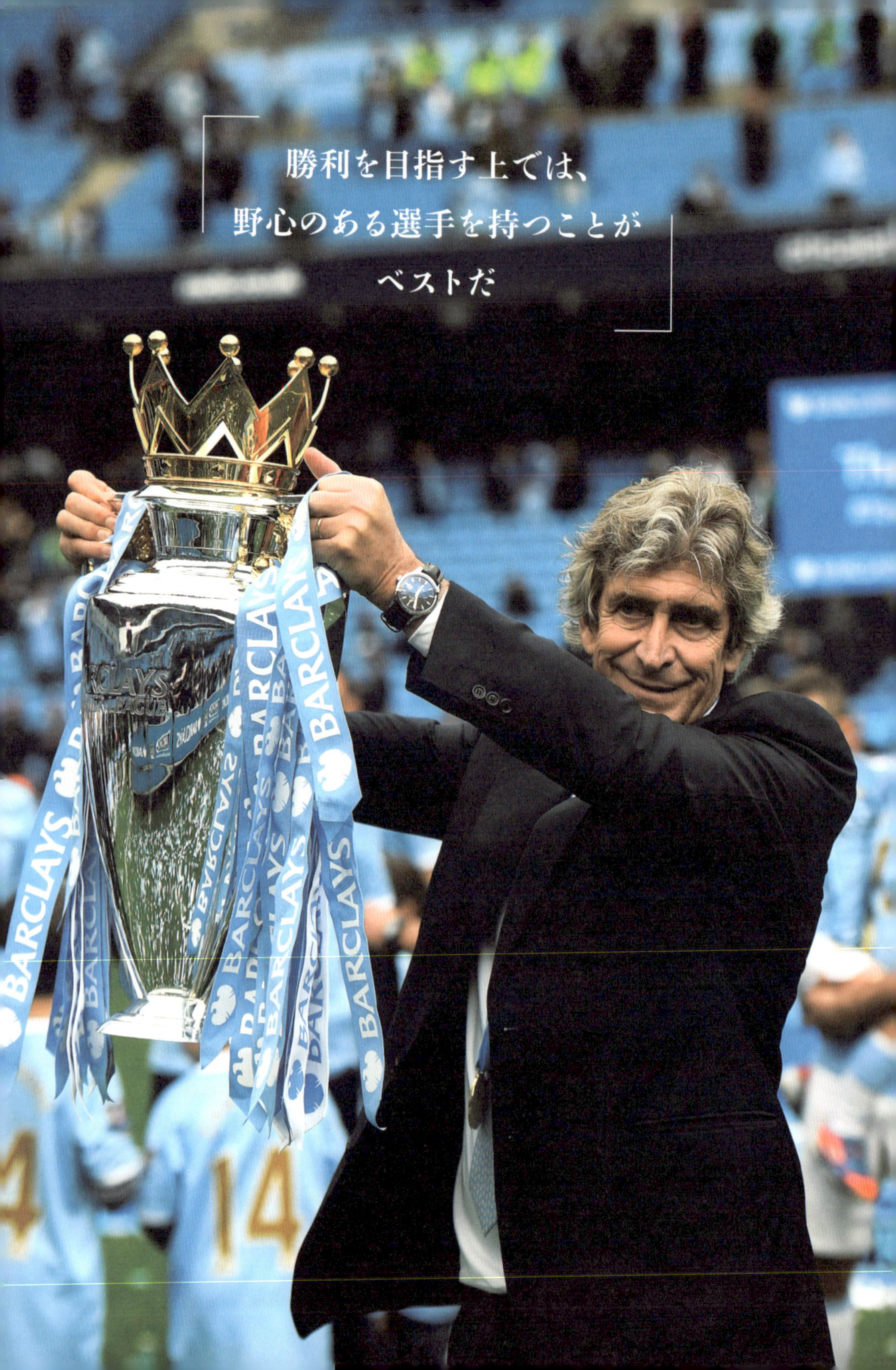

勝利を目指す上では、
野心のある選手を持つことが
ベストだ

攻撃的なスタイルを愛する
冷静沈着なフットボール紳士

Manuel Pellegrini
マヌエル・ペジェグリーニ

»監督になるまでの経歴、経緯、人物像

現役時代はウニベルシダ・デ・チリー筋のセンターバックとして451試合に出場。引退後はチリとアルゼンチンで指導実績を挙げ、2004年にビジャレアルへ。クラブを強豪に育て、2005-06はCLベスト4に進出。ペジェグリーニ自身も名将の仲間入りを果たした。その後はレアル・マドリードとマラガを経て、2013年からマンチェスター・シティを3シーズン指揮。どのクラブでも安定して結果を残した。性格は紳士的で、感情的になることは少ない。コーチや選手の垣根なく、誰とでも分け隔てなく接する人柄が好まれる。しかし、曲がったことや不誠実な行いは大嫌いで、時折、舌鋒鋭くコメントすることも。

»名試合

2013-14シーズンは就任初年度で自身初の欧州リーグ優勝を果たす。終盤までリヴァプールに首位を走られるも、シティはラスト5試合で5連勝を果たし、終盤で勝ち点を落としたリヴァプールを抜いて最終節のウェストハム戦で優勝を決めた。38戦のうち6敗は優勝チームとしては多いが、引き分けが5回のみで、勝ち点を効果的に稼いだ。それを支えたのは年間リーグ戦102得点を誇る圧倒的な攻撃力だ。スタイルは超攻撃的と称され、リスクチャレンジを奨励するペジェグリーニは、1-0のスコアに留まらず、2点、3点を要求する。その姿勢が下位クラブに対する取りこぼしの少なさにつながった。

育てた名選手

サンティ・カソルラ／ビジャレアルの下部組織で育った技巧派MF。ペジェグリーニに出場機会を与えられ、1年のレクレアティーボでの修行を経て、チームの主力へ。マラガでもペジェグリーニの下でプレーし、師弟関係を築いた。

マルコス・セナ／スペイン代表が初めて欧州選手権の制覇を成し遂げる原動力となったMF。2002年にブラジルから移籍した後に就任したペジェグリーニと共に、大きく評価を高めた。

天敵・ライバル

ジョゼップ・グアルディオラ／2009-10シーズンに率いたレアルでは、クラブ史上最高の勝ち点96を稼いだが、バルセロナに3差で上回られ、無冠＝解任のクラブの掟に従うことに。2016年のシティでもグアルディオラ就任により、その座を追われた。

ジョゼ・モウリーニョ／リスクを嫌うポルトガル人と、リスクチャレンジを美しいとするチリ人は、水と油だ。モウリーニョのチェルシーと対戦し、「守備的すぎる」「強豪にふさわしくない」と批判した。

Formation Case 01 | マラガ（2011-12）

Basic Formation

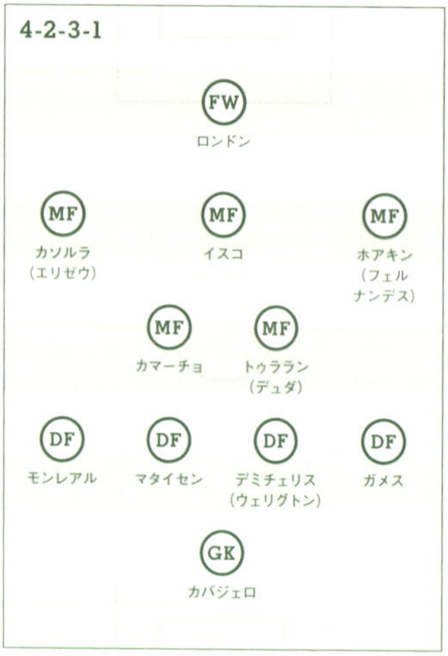

2列目の創造主がキーファクター

レアル解任後、2010 - 11シーズン途中からマラガの監督へ。2年目はリーグ4位に上がり、CL出場権を獲得した。ペジェグリーニの攻撃戦術において、2列目の創造主はキーファクター。DFとMFの間で縦パスを引き出し、巧みなテクニックで攻撃に変化を付ける。マラガでは主にイスコ、カソルラがその役割を担った。彼らを中心とした流動性のある前線に対し、ボランチやセンターバックは守備的な組み合わせでバランスを取った。充実したシーズンだったが、クラブの破綻で翌シーズン以降は戦力を放出。魅力的なチームは儚く消えた。

フォーメーション	[4-2-3-1] [4-4-2]
フリーキッカー	カソルラ
ビルドアップ	前線と2列目への縦パス
メイン攻撃	コンビネーション、サイド攻撃、スルーパス
DFエリアの高低	高め

Special Formation

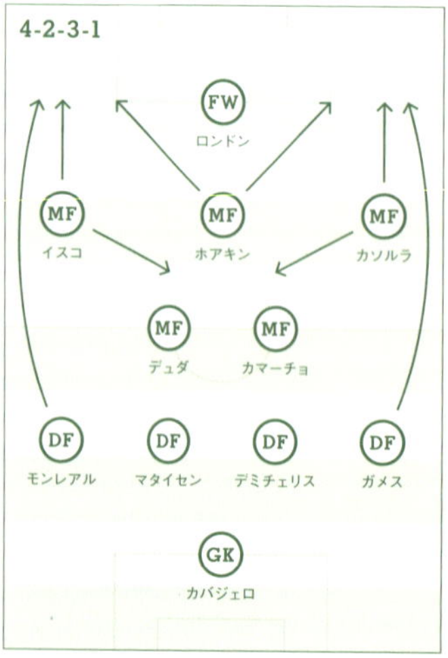

前線の組み合わせを工夫

前線のオフザボールの動きに対し、シンプルにボールを預け、2列目のクオリティーでプレスを外す。そして、スペースが空いたサイドへ、攻撃的サイドバックがオーバーラップして攻撃の幅を作る。最も大切な要素は、イスコやカソルラにいかにボールを渡せるか。ペジェグリーニは対戦相手によってイスコをサイドへ動かし、プレッシャーを軽減させ、逆にホアキンをトップ下や2トップに置いて飛び出しを図るなど、コンビネーションを工夫した。試合によってはカソルラをボランチに置き、ボールの出所の質を上げた。

Point!

マラガは2010年にカタール王族に買収されたが、怠慢経営で資金繰りが悪化。2013年から4季の欧州大会参加禁止に。

Formation Case 02 ｜ マンチェスター・シティ(2013-14)

Basic Formation

戦術ヤヤ・トゥーレ。突進力が光る

ペジェグリーニはそれほど多くのシステムを使わない。2015-16シーズンは少しラインを下げて、ロングカウンターをねらう4-1-4-1も導入したが、基本的には4-4-2か、4-2-3-1で高い位置から守備を行う。このチームで大きな武器になったのは、ヤヤ・トゥーレの突進だ。力強く相手を跳ね飛ばしながらドリブルで敵陣へ侵入し、シュートに持ち込む。フリーキックと合わせてヤヤ・トゥーレはリーグ戦20得点を挙げ、得点源となった。一方、センターバックとボランチは層の薄さに悩まされ、常に不安を抱えた。

フォーメション	[4-4-2] [4-2-3-1]
フリーキッカー	ヤヤ・トゥーレ、シルバ
ビルドアップ	前線と2列目への縦パス
メイン攻撃	スルーパス、ドリブル、サイド攻撃、フリーキック
DFエリアの高低	やや高め

Special Formation

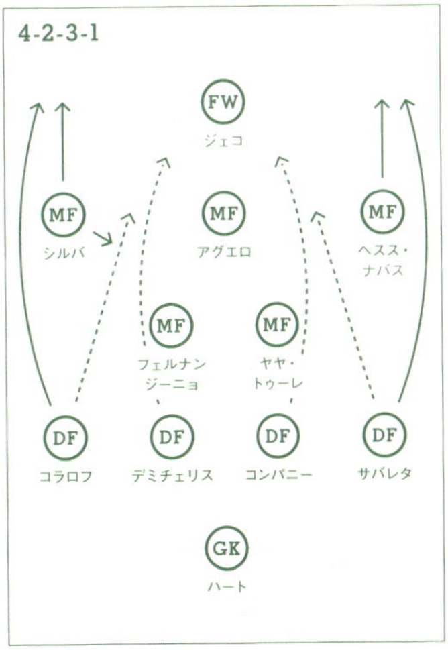

シルバへ縦パス。ジェコへハイボールで基点

選手の個性は異なるが、全体的な構成はマラガ時代に似ている。両幅を取ったところから、相手のディフェンス間に顔を出したシルバに縦パスを預けるところが攻撃の起点だ。その一方、右サイドは、ヘスス・ナバスが単独で縦に仕掛けることもでき、その後ろのサバレタは中寄りにサポートする。マンチーニ時代よりも、前線が幅を使ってサイドを攻める意識が強い。ビルドアップはあまり複雑なことを求めすぎず、相手のプレスを受けたときは、縦にロングボールを蹴り出すことで1トップのジェコが収め、基点を作る形もある。

Point!

ロドウェル、ナスタシッチなど懸念の守備的ポジションを補強しなかったわけではないが、いずれもフィットしなかった。

「グアルディオラと戦うことは
極めて困難である。
しかし、我々と戦うチームも同じことだ」

敵を切り裂くダイナミズム
若手育成に長けた戦術家

Lucien Favre

ルシアン・ファブレ

≫監督になるまでの経歴、経緯、人物像

現役時代はプレーメーカーとして技術と賢さを備え、1991年に引退。監督として母国スイスでキャリアを積み、2003年から率いた強豪チューリッヒでは、2006年と2007年にリーグ連覇を果たした。特に2007年のチームは平均年齢が21.5歳と若く、多くの教え子がスイス代表や海外クラブへ羽ばたくことに。その若手育成の手腕は、直後に就任したヘルタ・ベルリン、2011年に就任したボルシアMGでも発揮され、ロイス、クラマー、テア・シュテーゲンなど多くの選手がビッグクラブへ栄転した。戦術はボールを奪った後の攻守の切り替えが早く、複数人がスピーディになだれ込むダイナミックな攻撃を志向する。

≫名試合

2014-15シーズンに指揮したボルシアMGは、キャリア最高のチームだった。特に第26節のバイエルン戦では、国内に敵なしと言われる絶対王者に対し、2-0で完全勝利。序盤の猛攻を防ぎ切ると、その後はボルシアMGのスピード溢れる攻撃が冴え渡った。第9節のバイエルン戦も0-0で引き分けており、このシーズンは2戦連続の完封で勝ち越し。対戦したグアルディオラも、「ボルシアMGはCLに出るべきチームだ」と舌を巻いた。リーグ戦はバイエルン、ヴォルフスブルクに次ぐ3位でCL出場権を獲得。さらなる躍進が期待されたが、翌シーズン、まさかの開幕連敗で、自ら辞任の決断を下すことに。

育てた名選手

ラファエル・アラウージョ／ブラジル人の攻撃的MF。チューリッヒ、ヘルタ・ベルリン、ボルシアMGと、3チームでファブレに師事した。2015年の電撃辞任には特に心を傷めたが、シューベルト新監督の下、チームの立て直しに貢献した。

ウカシュ・ピシュチェク／ヘルタ・ベルリンに所属していた2008-09シーズンの頃、ウイングやサイドハーフが本職だったが、ファブレによって右サイドバックへコンバートされる。これがきっかけで花開き、ドルトムントへの移籍が実現した。

天敵・ライバル

ジョゼップ・グアルディオラ／目標であり、好敵手。グアルディオラのバイエルン初陣となった2013-14シーズンの開幕戦で、ファブレ率いるボルシアMGは1-3で敗れたが、速いカウンターで何度も追い詰め、ブンデスリーガの怖さを思い知らせた。

ユンゲル・クロップ／『ボルシアダービー』と呼ばれたライバルを象徴する指揮官。ダイナミックサッカーの哲学も、ファブレとクロップは似ていると言われた。

Formation Case 01 ヘルタ・ベルリン（2008-09）

Basic Formation

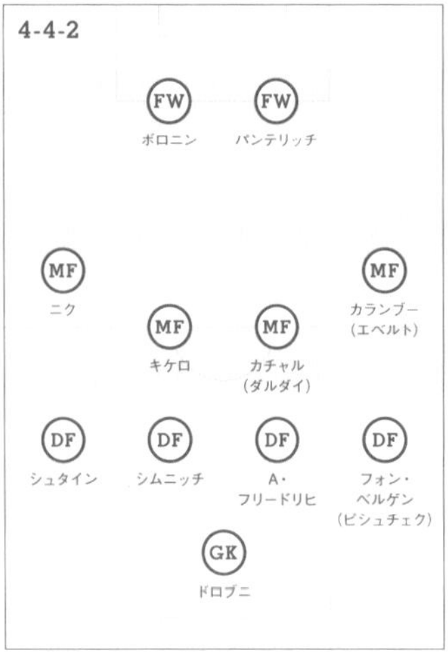

初の海外でダイナミックサッカーを展開

独裁的なディーター・ヘーネスGMにより招聘されたファブレ。初年度は10位に終わったが、翌2008 - 09シーズンは4位へ躍進した。前線はポジションを固定せず、パンテリッチやボロニンがサイドに流れて縦パスを引き出し、中盤の飛び出しを加えて流動的にかき回す。たくさんの選手が得点源となった。しかし、3シーズン目は、クラブの財政事情でボロニン、パンテリッチがレンタル元へ復帰し、シムニッチも放出。攻守の要を失ったヘルタは開幕6連敗とつまずき、ファブレは解任された。そのままチームも2部へ降格している。

フォーメション	[4-4-2] [4-4-1-1]
フリーキッカー	エベルト、ラファエル
ビルドアップ	サイド起点
メイン攻撃	カウンター、サイド攻撃
DFエリアの高低	やや低め

Special Formation

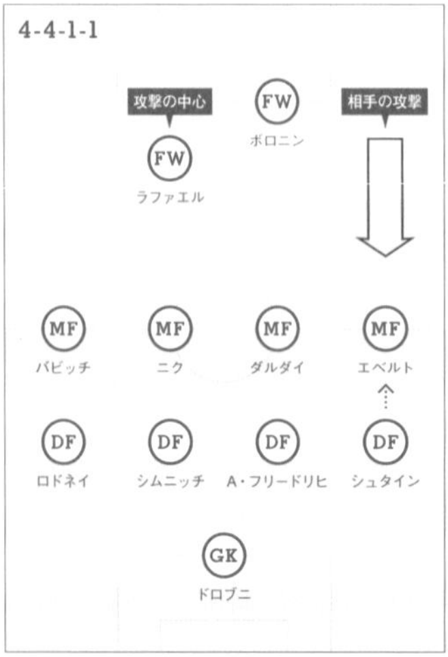

柔軟なシステムの使い分け

当初は3-4-2-1をベースに、対戦相手によってシステムを使い分けたが、徐々に4-4-2へ。自身の現役時代にあらゆるポジションを経験したファブレは、教え子にもユーティリティ性を求め、ターンオーバーしながらチームをやり繰りした。柔軟な起用が最もうまく作用したのは、2008-09の第20節バイエルン戦だ。リベリーやラームらが仕掛ける左サイド攻撃に対し、普段は左サイドのシュタインを右へ回し、エベルトとの縦関係で守備を強化。攻撃の中心となるラファエルは1.5列目へ。これが奏功し、ボロニンのゴールで2-1と勝利した。

Point!

右サイドバックは怪我が多く、悩ましいポジションだった。ピシュチェクのコンバートは、苦しい台所事情が生み出した産物。

Formation Case 02 ボルシアMG（2014-15）

Basic Formation

走行距離No.1のダイナミズム

ロイス、ダンテら主力を相次いで失いながらも、ファブレは攻守の切り替えが早く、走行距離ではリーグNo.1を記録するダイナミックなチームを作り上げた。守備は常にコンパクトであることを重視し、高い位置からのカウンタープレスと、低い位置のゾーンディフェンスを使い分ける。2014 - 15シーズンはリーグ3位に躍進を果たした。しかし、翌シーズンは開幕からまさかの連敗続きで自ら辞任へ。若手育成に定評があるだけに、育てた選手がビッグクラブに高値で引き抜かれるジレンマがあり、毎シーズンのようにチームの再構築に苦労した。

フォーメション	[4-4-2] [4-4-1-1]
フリーキッカー	ラファエル
ビルドアップ	ショートカウンター、ポゼッション
メイン攻撃	オーバーラップ、スルーパス
DFエリアの高低	使い分ける

Special Formation

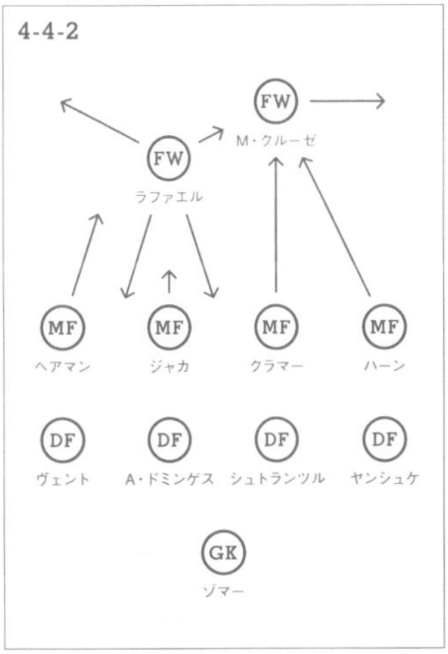

メリハリが利いた攻守の戦術

ヘルタ時代と同じく、ファブレの理想的なFWは、機動性に優れたストライカーだ。中央に張り付きっぱなしの古典的なセンターフォワードではない。M・クルーゼはサイドへ流れ、ラファエルが広く動いてボールに触り、中央に空けたスペースへサイドハーフがどんどん飛び出す。スピーディに味方を追い越すオーバーラップ連鎖のカウンターは、見る者を圧倒した。一方、GKゾマーも頻繁にボールに触り、スローダウンしたポゼッションも行う。攻守共に、ダイナミズムとスローダウンのメリハリが利いており、チームパワーの使い方が巧みだった。

Point!

ファブレはヘルタ時代と似た流れでクラブを去った。資金の充実したビッグクラブで指揮を執れば、どうなるか。今後に期待。

「監督の仕事はワイン作りに似ている。
そのときに手に入るブドウから、
最上のワインを作らなくてはならない」

勝利至上主義の上官
試合はエンターテイメントに非ず

Fabio Capello

ファビオ・カペッロ

≫監督になるまでの経歴、経緯、人物像

現役時代は中盤の底のプレーメーカーとしてミラン、ユヴェントス、ローマで活躍。引退後は現場から離れ、解説者やクラブ運営に回っていたが、1991年、サッキが構築したミランを引き継ぐ形で監督に就任。バレージらは「冷めたスープを温め直すようなものだ」と懐疑的な声を上げたが、カペッロはその評価を覆す。5シーズンでリーグ優勝4回、CLでは優勝と2度の準優勝を成し遂げ、彼が指揮したチームは『グランデ・ミラン』と呼ばれた。徹底した勝利至上主義であり、こう着したゲームに対してリスクチャレンジすることを嫌う。そのため、カペッロの試合は「何も起こらない」と揶揄されることも多い。

≫名試合

1993-94シーズンのCL決勝で、ヨハン・クライフ率いる最強バルセロナを4-0で圧倒し、優勝を成し遂げた試合は、グランデ・ミランを象徴する試合となった。カペッロが取り入れた有名なマネージメントとして「ターンオーバー」がある。このCLも選手を入れ替えながら起用し、コンディションやモチベーションを瑞々しい状態に保った。レギュラー選手を複数保有し、使い分ける手法は当時としては革新的だったが、スター揃いの『グランデ・ミラン』でそれを可能にしたのは、カペッロの個性に依るところが大きい。『上官』として選手にエゴを許さず、圧倒的なカリスマと威圧感で規律に従わせた。

育てた名選手

クリスティアン・パヌッチ／カペッロに寵愛されたDF。ミラン、レアル・マドリード、ローマと師の後に続いた。引退後は解説者を務め、2012年にロシア代表でカペッロのアシスタントコーチへ。しかし、契約問題で師と衝突し、2014年に退任した。

フランチェスコ・トッティ／1999年に就任したローマでは、左サイドが多かったトッティを中央の司令塔で起用。得点力だけでなく、高度な技術と意外性に富んだチャンスメーク力を引き出し、現在に続く10番のプレースタイルの礎を築いた。

天敵・ライバル

ロベルト・マンチーニ／ローマ時代、ダービー相手のラツィオを指揮した。2004年にカペッロがユヴェントスへ移ると、同時にインテルへ。ライバルチームの関係が続いた。「マンチーニはあらゆるブドウで良いワインを作る」と力量を認めている。

フランク・ライカールト／最強バルセロナでリーグ3連覇を目指したが、レアルに就任したカペッロに阻止された。選手を干したり、懲罰を与えるカペッロのやり方を批判した。

Formation Case 01 | ミラン（1993-94）

Basic Formation

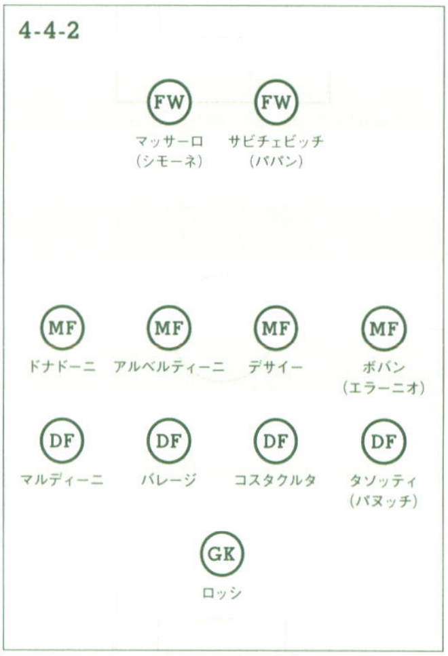

徹底したリアリストのウノゼロ戦術

「サッカーは極めて単純な競技。単純にプレーすれば過ちは回避できる」と語るカペッロ。流動的なコンビネーション、それに伴うカバーリングなど、ゲームを複雑化させる戦術を好まない。ポジションを厳格に守ることを要求し、徹底してバランスを崩さないため、固定化された攻撃は個人頼みになりがちだ。ライカールト、フリット、ファン・バステンのオランダトリオが抜けたことで攻撃力が下がり、34試合でわずか36得点。その一方、鉄壁の守備陣が許した失点は15。ウノゼロ（1-0）の勝利を重ねリーグ優勝、CL優勝を成し遂げた。

フォーメション	[4-4-2]
フリーキッカー	アルベルティーニ
ビルドアップ	カウンター、ポゼッション
メイン攻撃	サイド攻撃、クロス、セットプレー
DFエリアの高低	やや高め

Special Formation

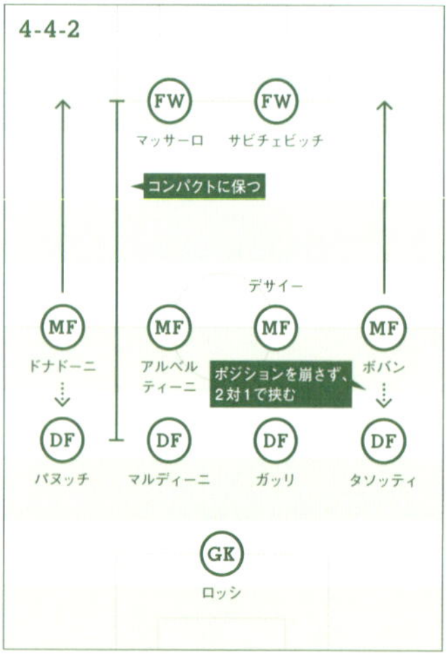

理想的サッキ戦術からの変化

カペッロのミランにおける鉄壁の守備は、前任者のアリゴ・サッキが築いたゾーンプレスが基盤になっている。しかし、アグレッシブなプレスでボールを刈り取り、オフサイドトラップを多用した理想主義者のサッキに比べると、カペッロは現実的だ。常にプレスをかけ続けようとはせず、時にはラインを下げ、慎重にスペースを埋める。ラインの高さよりも、全体がコンパクトであることを重視した。メンバー選考においても、ボランチにアルベルティーニとデサイーという、守備的なタイプを2人並べて、ミスの少なさや球際の強さを求めている。

Point!

「退屈」と揶揄されたカペッロは、1996年にリーグ優勝しながらも退任。同じ現象がレアル・マドリードでも2度起こった。

Formation Case 02 | イングランド代表（2010）

Basic Formation

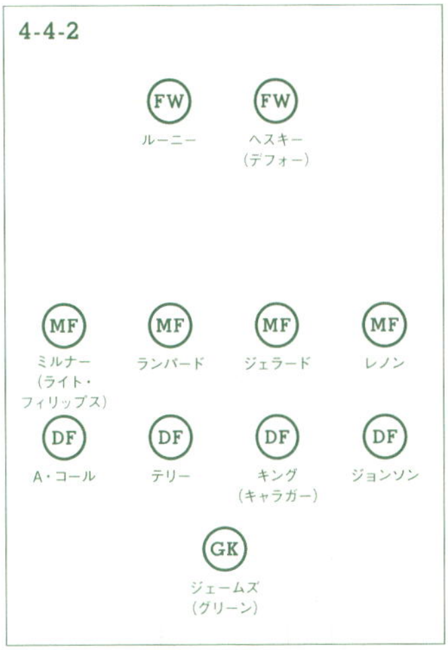

重視するコンディショニングで失敗

南アW杯は、グループリーグを1勝2分けで無敗通過。2得点1失点というロースコアもカペッロらしい。しかし、ラウンド16のドイツ戦はクローゼらにスペースを切り裂かれ、1-4で敗退。ランパードの幻のゴールがあったが、内容も完敗。戦術よりもコンディションを重視するカペッロは、大会前の合宿で低酸素テントを用いたり、ベースキャンプ地を高地にしたりと対策を練ったが、やりすぎて疲労が抜け切らず。さらに2戦目、3戦目を低地で戦う間に順応効果を失い、再び高地に戻ったドイツ戦ではコンディションが低下してしまった。

フォーメション	[4-4-2] [4-4-1-1]
フリーキッカー	ランパード、ジェラード、バリー
ビルドアップ	カウンター、ロングボール
メイン攻撃	クロス、飛び出し、セットプレー
DFエリアの高低	やや低め

Special Formation

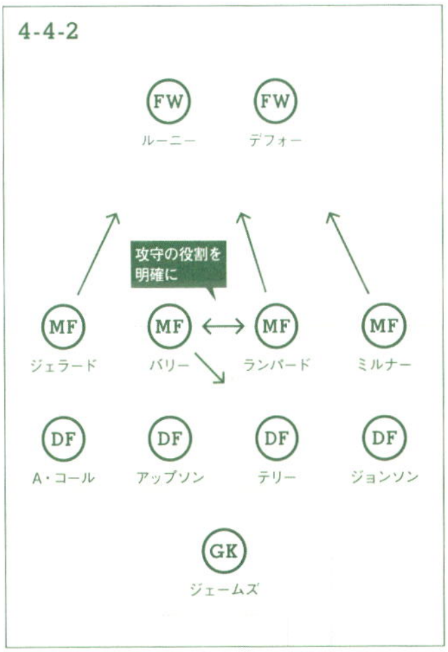

代表チームの難しさを思い知らされる

「システムを語るのはナンセンス。現代サッカーは9－1だ。9人で攻め、9人で守る」と語るカペッロ。システム論には興味がなく、古典的な4-4-2で本大会へ。しかし、自由にタレントを補強できるクラブとは事情が異なり、ルーニーの相棒探しは最後まで難航。中盤の組み合わせも、ランパードとジェラードを並べる布陣はバイタルエリアを空けがちで、2戦目以降はバリーを起用。さらに初戦でDFキングが負傷し、代役のアップソンがドイツ戦の失点を引き起こす。時間も駒も足りない代表チームの難しさを思い知らされた。

Point!

カペッロはイングランドのPK戦の弱さを心配し、対策を行っていたが、必要とする機会が訪れないまま、大会を終えた。

サッカーの美しさ。
それは驚きを与える
プレーに尽きる

結果を残すイタリアの指揮官
タレントを引き出す手腕に長ける

Roberto Mancini

ロベルト・マンチーニ

≫監督になるまでの経歴、経緯、人物像

現役時代はサンプドリアで424試合に出場し、132得点。クラブの象徴として「ミスターサンプ」と呼ばれた。2001年に引退すると、セリエAで監督を始め、2004年からインテルへ。リーグ3連覇と結果を残すも、CLはベスト8止まり。しかし、その後に移籍したマンチェスター・シティでクラブに44年ぶりのリーグ優勝をもたらし、結果を出す監督であることを印象付けた。2014年から再びインテルの指揮へ。マンチーニは優勝しながらも、特定の個に依存したチームを作ると批判されることが多い。だが、素材の味を引き出すことも監督の能力だ。オリジナルな戦術を生み出すことばかりが監督の仕事ではない。

≫名試合

2011-12シーズン、シティにもたらしたリーグ優勝は劇的なものだった。ユナイテッドとの終盤の首位争いで、一時は勝ち点差を8に広げられたが、そこから徐々に詰め寄り、第36節のマンチェスターダービーの1-0でついに勝ち点が並び、得失点差で首位に立つ。最終節のQPR戦は、勝てばシティの優勝がほぼ決まる状況だったが、残留を争うQPRの執念に苦しみ、1人少ないQPRに1-2と逆転を許す。同時刻のユナイテッドが勝利したため、シティは引き分けでも優勝を逃すところだったが、アディショナルタイムにジェコ、アグエロが連続ゴールを挙げ、信じられないほど劇的な形で優勝を決めた。

育てた名選手

ズラタン・イブラヒモビッチ／インテルでのリーグ3連覇は、彼無しでは語れないほど依存度の高いものだった。いい選手の一人だったイブラヒモビッチは、マンチーニの下でワールドクラスの戦術兵器に脱皮した。

マリオ・バロテッリ／2007年にインテルでマンチーニがデビューさせ、セリエA優勝を経験。その後、シティで再び師弟関係になったが、浴室での花火や決定機での気まぐれプレーなどでマンチーニも激怒。手に負えない選手になってしまった。

天敵・ライバル

シニシャ・ミハイロビッチ／現役時代はサンプドリアやラツィオで共にプレーし、インテルではマンチーニの下でプレー。その後、アシスタントコーチとして一緒に働いた長年の盟友。2015年にミランに就任し、ライバルチームの監督として相見えた。

アレックス・ファーガソン／マンチェスターのクラブ同士、3シーズンに渡って、しのぎを削った。2013年、ファーガソンの勇退発表後、マンチーニは「彼と戦えたことは光栄であり、喜びだった」と功績を称えた。

Formation Case 01 | インテル(2007-08)

Basic Formation

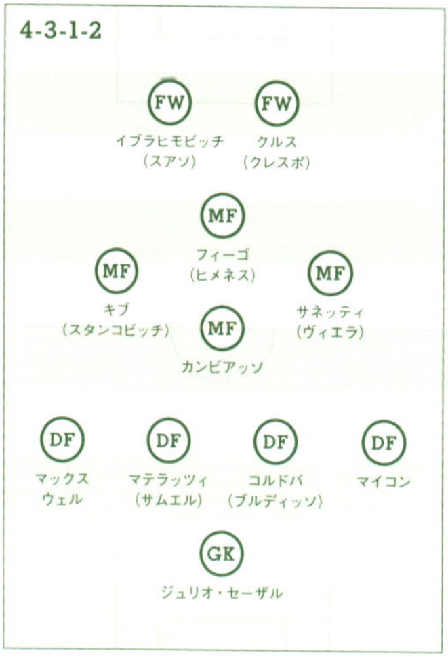

すべての起点は前線の圧倒的なキープ力

圧倒的なキープ力を誇るイブラヒモビッチへロングパスを送って前線に基点を作り、中盤が前向きに絡むコンビネーションを基本とする。クルスも縦パスを収める技術、スルーパスに飛び出す能力が高い。中央が混雑したら、両サイドからマイコンとマックスウェルがオーバーラップし、クロスからも攻める。攻撃パターンは多彩だが、すべての起点は、やはり前線のキープ力となる。フィーゴも往年の突破力はないが、技術を生かしたキープやコンビネーションの巧さは顕在。トップ下で中継点となり、周囲の力を引き出した。

フォーメション	[4-3-1-2] [4-4-2]
フリーキッカー	イブラヒモビッチ、カンビアッソ
ビルドアップ	ロングボール、縦パス起点のポゼッション
メイン攻撃	スルーパス、コンビネーション、クロス
DFエリアの高低	低め

Special Formation

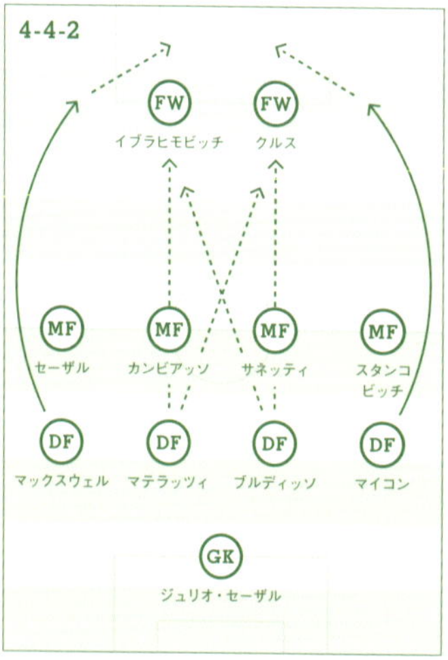

サイド重視の4-4-2を併用

4-3-1-2は中央を堅く閉めることができる反面、サイドチェンジで左右に振られると弱い特徴がある。マンチーニは4-3-1-2を基本システムとしながらも、相手のポゼッションが巧いとき、サイドの攻守を強めたいとき、あるいはトップ下のフィーゴやヒメネスが起用できない状況では、4-4-2も併用した。その場合、攻撃的な両サイドバックの能力がキーポイントとなり、よりクロスからゴールをねらう傾向が強くなる。キープ力と共に、強力な2トップの総合力の高さが戦術の核となった。

Point!

DFの縦パス供給力を重視するマンチーニは、マテラッツィ、サムエル、キブと3人の左利きセンターバックを有した。

Formation Case 02 | マンチェスター・シティ(2011-12)

Basic Formation

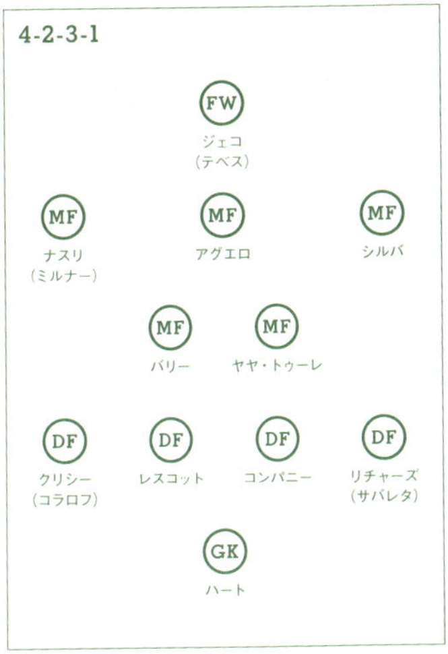

守備の安定とシルバを生かす攻撃

システムは4-2-3-1で、2列目の技術を生かすことが基本になるが、マンチーニとの不和で一時帰国したテベスが復帰した後は、アグエロと並べる4-4-2も使った。イタリア人らしいゾーンディフェンスを整備して失点を29に抑える一方、攻撃に関しては、個の力を持つ選手に自由を与えてプレーさせるのがマンチーニのやり方。このチームではナスリやシルバがその役割を担った。特にシルバはポゼッション時、逆サイドや中央、3列目に動き回って足下にボールを引き出し、ナスリやアグエロとコンビネーションを見せた。

フォーメション	[4-2-3-1] [4-4-2]
フリーキッカー	シルバ、コラロフ、ナスリ
ビルドアップ	2列目中心のポゼッション
メイン攻撃	スルーパス、ドリブル、中央のコンビネーション
DFエリアの高低	やや高め

Special Formation

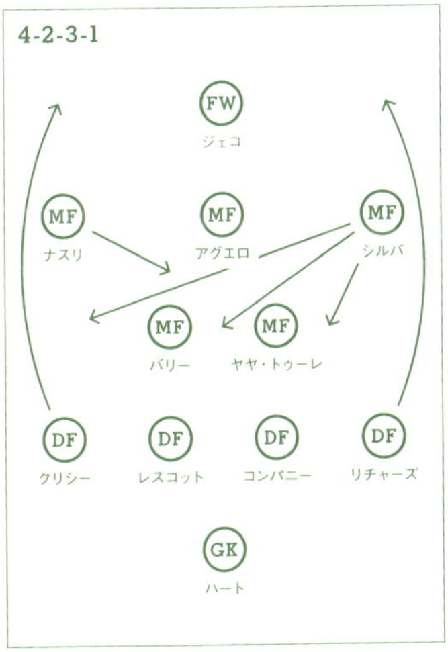

攻撃を活性化させる戦術的仕組み

2列目のシルバ、ナスリの流動的なプレーを活性化させるため、いくつかのポイントがある。センターバックとボランチは、すき間に入って来る彼らにシンプルに縦パスを入れる。また、1トップのジェコは、ビルドアップに関わらず、相手のディフェンスラインを釘付けにして2列目にスペースを与えた。技術のある2列目が中央で窒息することを防ぐ。さらにシルバやナスリが中央へ動いてサイドを空けたとき、両サイドバックが精力的に上がってサポートし、攻撃の詰まりを防ぐ。走力のあるクリシーとリチャーズが、その役割を務めた。

Point!

イブラヒモビッチ戦術からシルバ戦術へ。「依存」と言うのは簡単だが、個を的確に引き出す手腕も認めなければならない。

我々はハングリーでなければならない。
去年はスクデットというご馳走を味わったが、
それでもまだ味わい始めたばかりだ

ユーヴェ育ちの規律型指揮官
チームに正しい緊張感をもたらす

Antonio Conte

アントニオ・コンテ

»監督になるまでの経歴、経緯、人物像

故郷レッチェでプレーした後、1991年からは13シーズンに渡ってユヴェントスでプレーし、現役を引退。2005年から指導者として下部リーグで経験を積み、2011年に古巣ユヴェントスへ就任。このクラブが持つ歴史の重みを知るコンテは、ビアンコネーロ(白と黒)のユニフォームを着ることの意味を教え、チームに正しい緊張感をもたらす。初年度から無敗でリーグ優勝を果たすと、そのまま3連覇を達成。特に3年目は勝ち点102を叩き出す圧倒的な覇者となった。戦術やプレーを重要視する監督だが、その一方、大学卒業時には心理学の論文を書いており、選手に対する褒め方、叱り方などアプローチにも気を使う。

»名試合

2013-14シーズン、CLグループリーグ最終節のガラタサライ戦は、勝てば決勝ラウンド進出が決まる状況だった。しかし、12月にイスタンブルで行われた試合は積雪の影響で、前半31分に中断され、翌日に試合再開となる異例の事態。このため、通常の最終節ならばグループ内の試合は同時刻に行われるが、すでに他カードが終わり、ユヴェントスにとっては勝利だけでなく、引き分けでもOKになった。その状況がメンタルに保守的な影響を与えたのか、また、雪が続く影響でプレーも困難となり、試合は0-0のまま終盤へ。後半44分にガラタサライに劇的なゴールを食らい、グループリーグ敗退で終わった。

育てた名選手

アンドレア・ピルロ／育てたというより、再生させた名選手。アンチェロッティ退任後はケガも増え、ミランに居場所がなくなった。終わりかけたキャリアを、コンテのユヴェントスで再生し、リーグ3連覇に欠かせない中心選手となった。

ポール・ポグバ／フランスで育ち、マンチェスター・ユナイテッドのユースに入団した後、出場機会を求めて2012年にユヴェントスへ。才能豊かなポグバをコンテは使い続け、世界で最も高い評価額を付けられる選手の一人に成長した。

天敵・ライバル

マッシミリアーノ・アッレグリ／ミランの監督として凌ぎを削ったが、リーグはコンテが3連覇で圧勝。しかし、コンテ退任後のユヴェントスに就任すると、CL決勝に勝ち進み、あわや3冠の快挙。「私ならもっと勝っている」とコンテは不満気だった。

チェーザレ・プランデッリ／負傷明けでベンチ入りしたばかりのキエッリーニを、プランデッリが代表に招集して対立。「一言、状態を聞くべき。礼儀がなってない」と批判した。

Formation Case 01 ｜ ユヴェントス (2013-14)

Basic Formation

選手の特徴をフルに引き出す3-5-2

ユヴェントスらしいハードな中盤のプレスから、ボールを奪ってカウンターを浴びせる縦に速い攻めを得意とする一方、ポゼッション攻撃は、ピルロを経由する形がメインだ。ポグバやビダルは、その斜め前でパスの中継点に入ってピルロの選択肢を増やすほか、守備時にはピルロの両脇を固め、長所である運動量を生かして攻守に働く。また、ピルロがマークされてボールを直接渡せないときは、3バックの両サイドがドリブルで縦に持ち運ぶプレーも重要になる。選手の特徴に合わせつつ、攻撃を重視して戦術を組み立てるコンテらしい布陣だ。

フォーメション	[3-5-2]
フリーキッカー	ピルロ
ビルドアップ	ポゼッション、2トップのカウンター
メイン攻撃	サイド攻撃、縦に速い中央突破
DFエリアの高低	やや低め

Special Formation

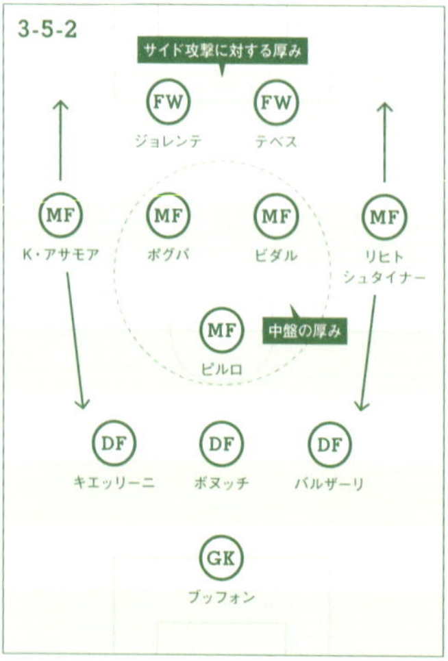

4-2-4と4-3-3の良い所取り

コンテは元々、攻撃的な4-2-4を得意とした。ウイングが突破し、中の2トップと逆サイドのウイングがクロスに合わせるサイド攻撃だ。就任当初はこのシステムを用いたが、中盤3人の能力を生かすため、FWを削って4-3-3へ。その後、たどり着いたのが3-5-2だ。DFを削って2トップに戻し、中盤3人の厚みを生かしつつ、サイド攻撃の威力を復活させた。その代わり、両ウイングハーフはサイドを上下動し、最終ラインの守備と最前線の攻撃、両方に顔を出す。MFの運動量に負担はかかるが、選手の個性を生かした配置と言える。

Point!

テベスの独破力は、相手チームにとっては脅威でしかない。組織的な攻撃だけでなく、効率的なカウンターが効いた。

Formation Case 02 | イタリア代表（2016）

Basic Formation

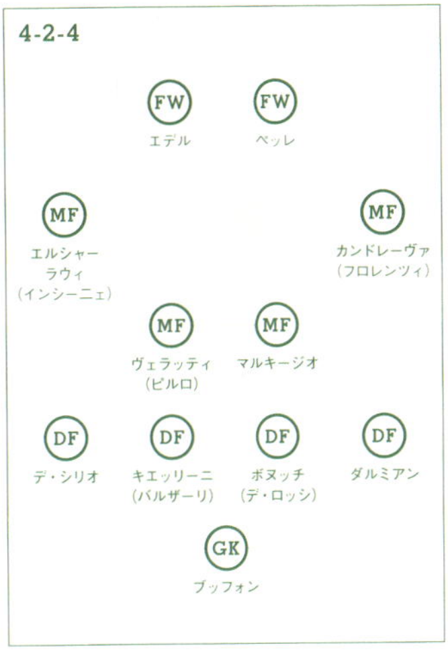

テクニックより人間性を重視

ユヴェントスで3連覇を果たした一方、CLを勝ち進めなかったコンテは、2014-15シーズンを前に突如辞任。イタリア代表監督に就任し、2016年の欧州選手権を目指すことになった。ここでも、コンテが選手に求めたのは献身性だ。「テクニック以上に人間性が重要。楽をして勝ちたいと思う選手は要らない」とキッパリ。やや高めのライン設定から、コンパクトな守備でボールを奪い取り、素早くカウンターを仕掛ける。若いウイングが育ってきた今のイタリア代表の良さを生かすべく、堅い守備とサイドアタックを武器にチーム作りを進めた。

フォーメション	[4-2-4] [3-5-2] [4-3-3]
フリーキッカー	ヴェラッティ、ピルロ
ビルドアップ	ショートカウンター、サイド展開
メイン攻撃	サイド突破からクロス
DFエリアの高低	やや高め

Special Formation

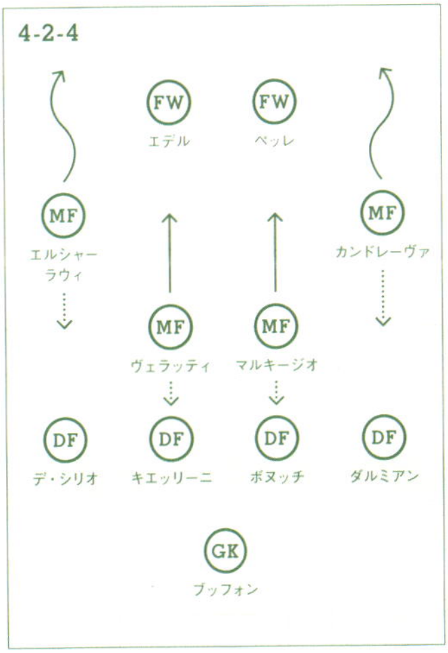

成長著しいウイングを生かす

システムはユヴェントス時代と似た試行錯誤をしている。最初は慣れた3-5-2から入り、4-3-3、4-2-4も相次いで導入。最適解の鍵を握るのは、ピルロだ。アメリカのMLSへ移籍した37歳のプレーメーカーを、本大会に招集するか否か。主力に置かない場合は、ハードワーク可能なヴェラッティとマルキージオをセンターハーフに置く4-2-4が濃厚だ。守備は両ウイングが下がり、シンプルな4-4-2で安定しやすい。ウイングが豊富な現イタリアで、コンテはピルロシステムとは異なるモデルを採用する可能性が高い。

Point!

バロテッリ、ジュゼッペ・ロッシは常に名前の挙がるFWだが、前者は規律、後者は怪我と、常に問題を抱えている。

私は日本製のカメラのようだ。
撮るたびに改良する。
日本車も最初は良くなかったが、
今はどの車よりも優れている

『修理屋』の異名を取る
イタリアの努力家

Claudio Ranieri

クラウディオ・ラニエリ

≫監督になるまでの経歴、経緯、人物像

ローマ出身で現役時代はDF。1986年に引退し、監督の道へ。3部のカリアリをセリエAへ昇格させた手腕が認められると、その後は国内外のクラブで活躍。バレンシア、チェルシー、ユヴェントス、ローマ、インテルなど数々のクラブを率いるも、リーグタイトルは無く、『無冠の帝王』と揶揄される。一方で、手堅く守備を構築する仕事、紳士的な人柄は評価を集め、シーズン中に解任された他監督の後任として、壊れかけた多くのチームを立て直し、『修理屋』の異名を取る。ところが成績が長続きしないため、自身も2年以内に解任され、フリーの身でいるところに次の修理依頼が回ってくる、というサイクルだ。

≫名試合

2015-16シーズンも開幕を前に、突如解任されたピアソンの後任としてレスターに就任。ここでラニエリは生涯最高の仕事とも言える修理を行い、昨季は一時最下位に沈みながらも残留を成し遂げたチームを、世界中が驚く首位へ引き上げた。そのチームで重要な役割を果たしたのが、岡崎慎司だ。4-4-2の前線のプレスと、中盤へのプレスバックで、2人分の守備をこなし、ラニエリは全幅の信頼を置いた。その岡崎のホーム初得点となったのが、第30節ニューカッスル戦だ。オーバーヘッドキックで1-0の決勝ゴールを挙げ、海外メディアから「キャプテン翼のゴールだ！」と大喝采を浴びた。

育てた名選手

ジャンフランコ・ゾラ／91年に就任したナポリでは、麻薬やマフィア等の問題を抱えた晩年のマラドーナに代わり、「サルデーニャの魔法使い」と呼ばれたゾラを抜てき。2000年に就任したチェルシーでも重用した。

エンゴロ・カンテ／フランス2部のカーンからMFを獲得したことが、レスター躍進の鍵を握った。ラニエリは当初、165㎝と小柄なカンテに懐疑的だったが、スカウトのウォルシュの強い推薦により、獲得を決めた。

天敵・ライバル

ジョゼ・モウリーニョ／2004年にラニエリの後任としてチェルシーに就任。インテル時代は、ラニエリ率いるユヴェントスやローマと首位を争った。犬猿の仲と言われ、2015年はレスターへの敗戦が最後の引き金となり、第二次チェルシーを解任された。

アーセン・ヴェンゲル／2016年2月に首位争いで対戦した際、「ラニエリには負けたことがない」と言うヴェンゲルに対し、2004年のチェルシーがCL準々決勝で2-1勝利を収めた件を挙げ、「彼は忘れている。間違いを正してやろう」と笑った。

Formation Case 01 | ローマ（2009-10）

Basic Formation

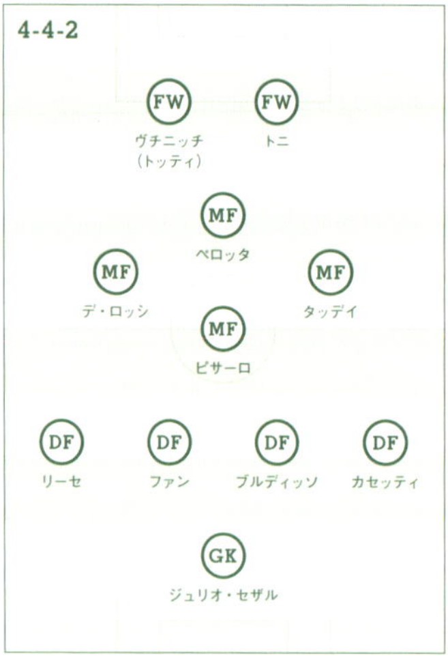

ゼロトップの香りを残して修理

前任者スパレッティが発明した『ゼロトップ』は、4-2-3-1から最前線のトッティが中盤へ下り、入れ替わって2列目が精力的に飛び出す戦術だった。しかし、開幕2連敗でスパレッティが辞任すると、後任のラニエリは4-4-2のダイヤモンドをベースに選択。司令塔のピサーロを中盤の底に1人で置き、展開力を充分に生かす。2トップは個の力が優れたアタッカーを置き、トップ下と両インサイドハーフには、運動量に優れたハードワーカーを置き、2トップを追い越す飛び出しで、『ゼロトップ』の香りを残した。

フォーメション	[4-4-2]
フリーキッカー	ピサーロ、トッティ
ビルドアップ	ピサーロ起点のポゼッション、サイドカウンター
メイン攻撃	裏への飛び出し、サイド攻撃
DFエリアの高低	低め

Special Formation

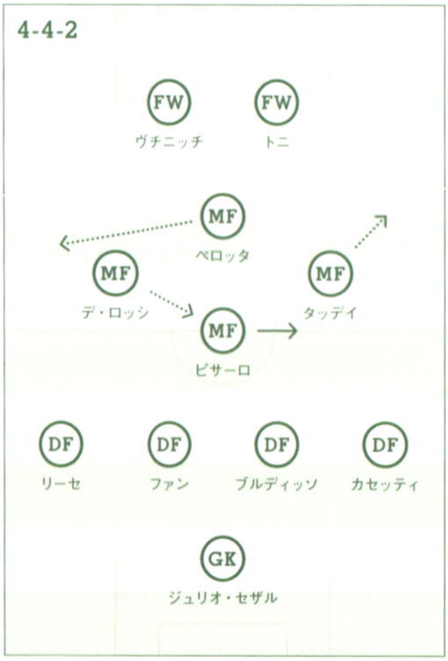

攻守の可変システムで持ち味生かす

4-4-2のダイヤモンド型は、相手サイドバックに対する守備で問題を抱える。2トップが守備に奔走するタイプではないので、ここを自由にすると、ピサーロの周囲のスペースが危険になる。そこで守備時にはペロッタを中盤へ落とし、フラットな4-4-2に変形。デ・ロッシがピサーロの近くへ寄り、サイドと中央をバランス良くカバーできるように、攻守における可変システムを用いた。このポジションチェンジを支えるのは、運動量の多いトップ下と両インサイドハーフだ。戦術的には、この3つのポジションが最も重要だった。

Point!

ラニエリが修理したローマは、公式戦20戦無敗、リーグ24戦無敗とクラブ記録を更新。一時首位に出たが、2位に終わった。

Formation Case 02 | レスター(2015-16)

Basic Formation

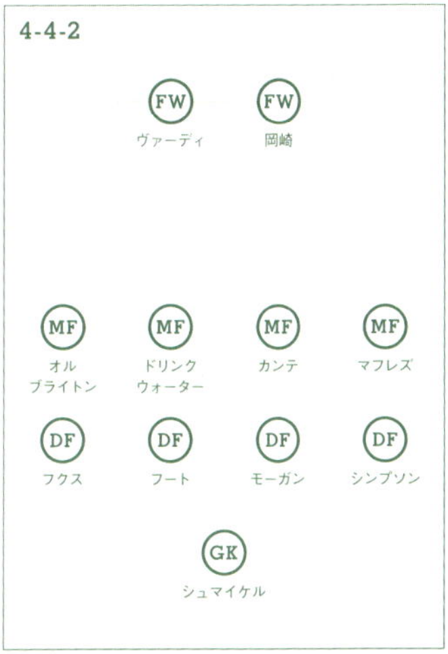

スピードと運動量の2トップへ

就任時に前任者のチームを「大きく変えることはない」と発言したラニエリは、いくつかのポイントで修理を加えた。ピアソンは1年で10個のシステムを使い分けたが、ラニエリは基本システムを4-4-2に固定。さらにセンターフォワードは、フィジカルと空中戦に優れたウジョアではなく、セカンドストライカーやウイングで起用されていたヴァーディをコンバート。似たタイプの岡崎との2トップで、高さよりも、スピードと運動量を重視する新カウンタースタイルを築き上げた。マフレズのドリブル突破力も、より生きる形に発展している。

フォーメション	[4-4-2]
フリーキッカー	ドリンクウォーター、マフレズ
ビルドアップ	裏のスペースへ蹴り込むカウンター
メイン攻撃	ドリブル中央突破、サイドからクロス
DFエリアの高低	高低2段階

Special Formation

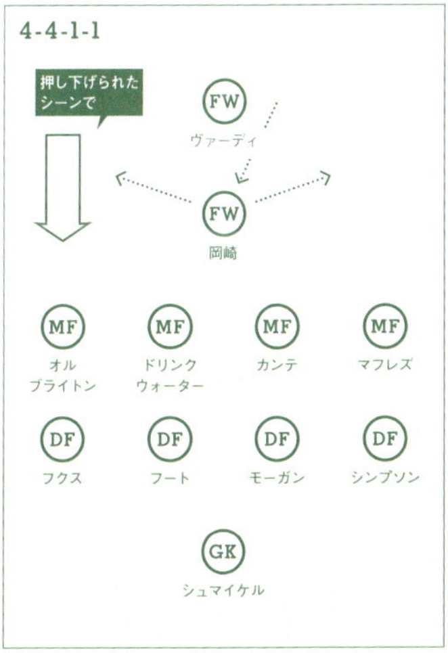

高低2段階の鍵を握る岡崎

レスターの守備は、高低2段階がハッキリしている。高い位置から行ける隙があるときは、2トップが高い位置から追い回してボールを奪い、ショートカウンターをねらう。カンテのボール奪取力が生きる展開と言える。逆に中盤へビルドアップされたときは、岡崎がプレスバックして4-4-1-1へ変形。ディフェンスラインを下げて対応する。フートとモーガンの空中戦の強さはプレミア屈指。ワンサイドに追い込み、クロスを上げさせる。岡崎が2人分走ることで、高低2段階の積極的かつ安定した守備を実現させた。

Point!

レスターの選手たちは、長所と短所がハッキリとした凸凹な個性ばかり。ラニエリは長所が生きるバランスを見出した。

「サッカーに科学が入り込む余地はない。
創造性のないサッカーは、
コンピュータでギャンブルをするのと同じだ。
まったく面白くない」

母国イタリアに警鐘を鳴らす男
戦術と創造性の黄金比率をめざす

Massimiliano Allegri

マッシミリアーノ・アッレグリ

» 監督になるまでの経歴、経緯、人物像

無名選手のまま2003年に引退後、下部リーグで指導者のキャリアを叩き上げ、2008年に就任したカリアリで、年間最優秀監督に贈られる「パンキーナ・ドーロ」（金のベンチ）を受賞した。2010年に就任したミランでは初年度にセリエAを制覇し、2014年からはユヴェントスへ。戦術は緻密だが、能力のある選手に自由を与え、個性を生かすタイプ。地方クラブからビッグクラブへ栄転した戦術肌の監督は、スター選手と衝突して失敗することも多いが、この柔軟性はアッレグリの特徴だ。分析や計画を重視するあまり、選手の創造性を抑圧してきたことが、イタリアが犯した最大の過ちだと警鐘を鳴らしている。

» 名試合

ユヴェントスを率いた2014-15シーズンのCLは、ドルトムントやレアル・マドリードを破り、クラブとして12年ぶりの決勝へ。共に国内リーグとカップを制したバルセロナとの対決となり、勝ったチームが3冠を達成する頂上決戦が行われた。ミラン時代にはバルセロナ破りの戦術を披露したアッレグリだが、前半4分にいきなりバルセロナの猛攻を食らって失点。しかし、後半10分に見事なショートカウンターからモラタが同点ゴールを挙げ、1-1に。その後はスアレス、ネイマールの追加点により1-3で敗れたが、この準優勝で低迷が続くイタリアサッカーの希望を見せたことは大きく評価できる。

育てた名選手

エル・シャーラウィ／ジェノアの下部組織で育ち、2011年にミランへ移籍。左サイドからのドリブルやシュートを得意とする。ロビーニョやインザーギなど名選手がそろう中、若手起用に積極的なアッレグリから出場機会を与えられた。

アルバロ・モラタ／レアル・マドリードでくすぶっていた才能を、テベスと組ませて起用。最初はセカンドアタッカー同士の2トップに疑問の声も上がったが、見事に機能させ、システムパズルの名手たる手腕を発揮した。

天敵・ライバル

アントニオ・コンテ／ユヴェントスを率いてセリエAを3連覇したコンテの後を引き継ぐことになり、様々に比較された。「私のユーヴェなら2位に勝ち点20差をつけている」というコンテの発言を受けたが、アッレグリは意に介さなかった。

フィリッポ・インザーギ／アッレグリにベンチに置かれることが多かった。そのため、引退後はユースの監督を務めていたインザーギと「お前のせいで引退した」などと口論になる一幕も。

Formation Case 01 | ミラン（2011-12）

Basic Formation

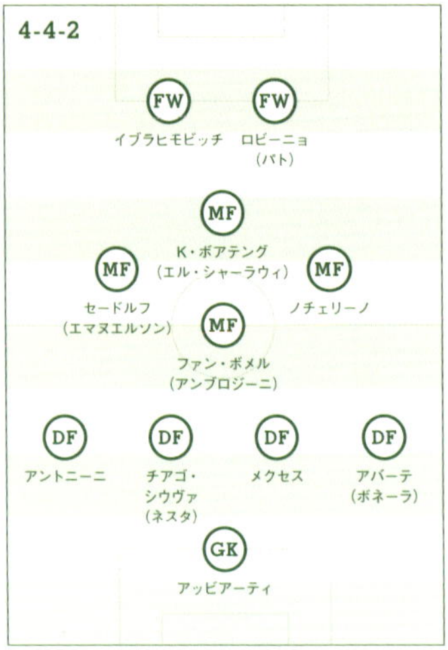

単独ではなくセットで世代交代

2010年にミランに就任したアッレグリは、同時期にバルセロナから加入したイブラヒモビッチを戦術の中心に据えた。ロビーニョと共に、最前線でサイドに流れながらボールを収め、前線に基点を作る。トップ下には裏への飛び出しに優れたK・ボアテングを置き、前線のキープ力を生かした。また、中盤の底はピルロからファン・ボメルへシフト。最前線が飛び出し型からキープ型に変わったことで、ピルロは絶対的な選手ではなくなり、同時にインザーギの出場機会も激減した。セットで世代交代を進めたことがポイントだった。

フォーメション	[4-1-2] [4-2-3-1]
フリーキッカー	イブラヒモビッチ、セードルフ
ビルドアップ	縦パスから前線のポストプレー
メイン攻撃	カウンター、飛び出し
DFエリアの高低	高低を使い分ける

Special Formation

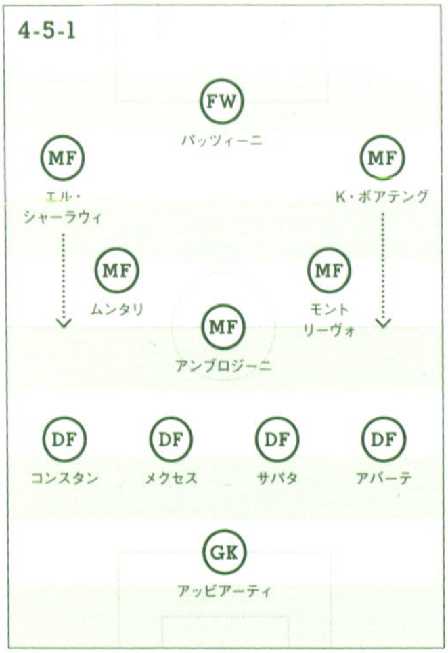

再構築したミランでバルサ破りに成功

翌シーズンは大幅に戦力が落ちたが、CL決勝ラウンド16で対戦したバルセロナとのファーストレグを2-0で勝利。メッシらをコンパクトな布陣で囲い込み、カウンターで決めた。前年ほどのタレントがおらず、攻撃の脅威は小さいが、2トップからFWを削って1トップにし、組織的な守備力を高めた采配が功を奏した。前年のイブラヒモビッチを中心とした戦術は「依存している」と批判されたが、選手の個性に依存するのは、むしろフットボールの本質である。重要なことは、その選手が抜けたときに仕組みを作り直せるか否かだ。

Point!

アッレグリのミランは対バルセロナで1勝3分け4敗。常に相手を苦しめ勝ったのは最も小粒なチームだった。

Formation Case 02 ｜ ユヴェントス（2014-15）

Basic Formation

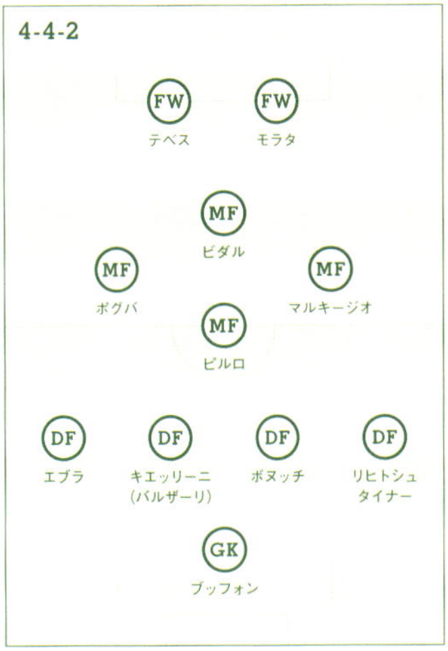

テベス＆モラタの特徴を生かす

ミラン時代に控えに回したピルロを、ユヴェントスでは深い位置の司令塔に起用した。イブラヒモビッチを中心に据えたミランとは異なり、テベス、モラタといったセカンドアタッカー型2トップの長所を引き出すため、足元のポゼッションと、裏への飛び出しに対するパス供給力を重視している。これもアッレグリの柔軟な調整術だ。コンテ時代は強さと激しさが際立つチームだったが、それを礎に、ポゼッションと安定感が加わった。コンテが用いた3バックも、対戦相手によって、あるいは試合終盤のクローズ戦術として柔軟に取り入れている。

フォーメション	［4-4-2］［3-5-2］［4-3-3］
フリーキッカー	ポゼッション、サイドカウンター
ビルドアップ	ポゼッション志向。ショートパスを繋ぐ
メイン攻撃	スルーパス、ドリブル突破、ショートクロス
DFエリアの高低	やや低め

Special Formation

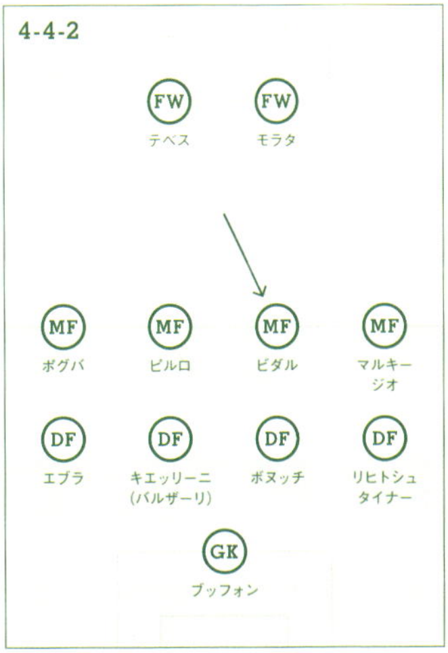

可変的4-4-2の守備システム

カウンターに転じるとき、テベスとモラタは片方が相手サイドバックの裏を突いてサイドに流れ、縦パスを引き出す。そこからスピードと突破力を発揮し、後方から中盤の選手が飛び込んでくる。しかし、この仕組みには守備面で問題がある。テベスとモラタを前線に残すと、上がってくる相手サイドバックをケアする選手がいない。ポグバ、マルキージオが行くと、ピルロ周辺に大きなスペースが空いてしまう。そこで、自陣で守るときは運動量豊富なトップ下のビダルがボランチのラインに下がり、フラットな4-4-2に変形して守備を行った。

Point!

オープンな打ち合いになると、ビダルの負担が増す。CL決勝でバルセロナに追加点を許したときも、この問題が発生した。

「創造性のある選手を育てるためには、
成長の過程で表現の自由を与える必要がある」

希少種のマネージャー
昨今は芸術志向に現実をミックス

Arsène Wenger

アーセン・ベンゲル

» 監督になるまでの経歴、経緯、人物像

現役時代はフランスでプロ選手になったが、大きな活躍はない。1981年から指導者を始め、1987年からモナコ、1995年に就任した名古屋グランパスを挟み、1996年からアーセナルへ。技術と創造性のある若い選手を好んで起用し、しばしば教育者のような発言をする。選手に見られる怠惰な私生活、たるみ切った雰囲気を正し、20年にわたる長期政権を築いた。イングランドでは伝統的に監督を『マネージャー』と呼び、選手の補強を含めた全権が与えられたものだが、分業化が進み、外国人監督も増えた近年は、減少傾向にある。ファーガソンが勇退した今、ベンゲルは数少ないマネージャーの一人だ。

» 名試合

CLを制覇した経験がなく、欧州戦に弱い印象を与えるベンゲルのアーセナル。最大のチャンスは2005-06シーズンだった。レアル・マドリード、ユヴェントス、ビジャレアルを破り、バルセロナとの決勝にたどり着いた。しかし、前半18分にGKレーマンが一発退場。それでも37分にフリーキックからキャンベルが先制ゴールを挙げ、あと一歩のところに迫ったが、さすがに70分以上を10人で完封することはできず、後半31分にエトー、36分にベレッチのゴールを許し、千載一遇の機会を逃した。これ以降は決勝にたどり着いたシーズンはなく、2003-04以来、リーグ優勝からも遠ざかっている。

育てた名選手

ティエリ・アンリ／モナコのユースから、当時監督のベンゲルが引き上げ、トップデビューさせた。ウイングポジションでくすぶったが、1999年にベンゲルがアーセナルに引き抜き、ストライカーとして覚醒させた。

セスク・ファブレガス／16歳のときバルセロナの下部組織からベンゲルが引き抜き、アーセナルで8シーズンに渡って活躍した。スペインは18歳までプロ契約できないが、英国は16歳で可能であり、法のすき間を突く形となった。

天敵・ライバル

アレックス・ファーガソン／プレミアリーグを代表する名監督同士としてしのぎを削った。メディアを通じたプロレスのような舌戦は、イングランドの名物であり、様々な監督が参加する。その代表格なのが、この2人の舌戦だった。

ジョゼ・モウリーニョ／激しい物言いのモウリーニョだが、ベンゲルには特に厳しい。勝利至上主義の男にとって、教育、社会の模範など、勝敗に関係ない部分を重視するベンゲルは相容れない存在だった。

Formation Case 01 | アーセナル（2003-04）

Basic Formation

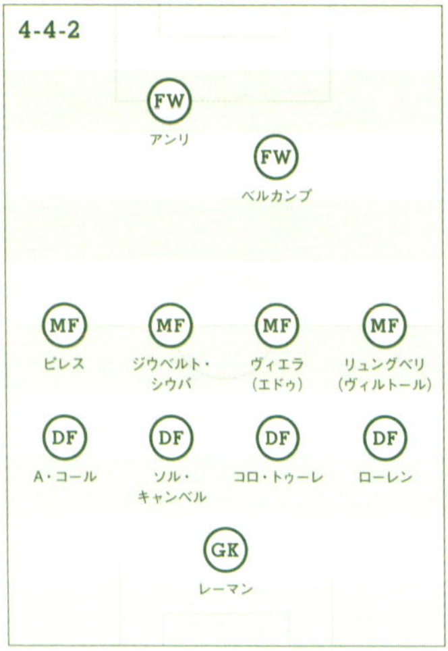

魅力あふれるインビジブルズ

26勝12分けで無敗のリーグ優勝を果たし、『インビジブルズ』（無敵）と呼ばれた頃のアーセナル。各ポジションにワールドクラスの選手を備え、流動性とスピードに富んだ攻撃力は、世界中のサッカーファンを虜にした。就任当初は「1-0のアーセナル」と呼ばれるほど守備的だったチームを、ベンゲルは変革している。その中で重要な働きを見せたのが、センターハーフの2人だ。どちらも技術がしっかりとしており、ヴィエラは身体能力に長けたプレーで、ジウベルト・シウバは読みに長けたポジショニングで、攻守に安定感をもたらした。

フォーメション	[4-4-2]
フリーキッカー	ピレス、ベルカンプ、エドゥ
ビルドアップ	サイド中心のスピード突破
メイン攻撃	スルーパス、アーリークロス、ミドルシュート
DFエリアの高低	やや高め

Special Formation

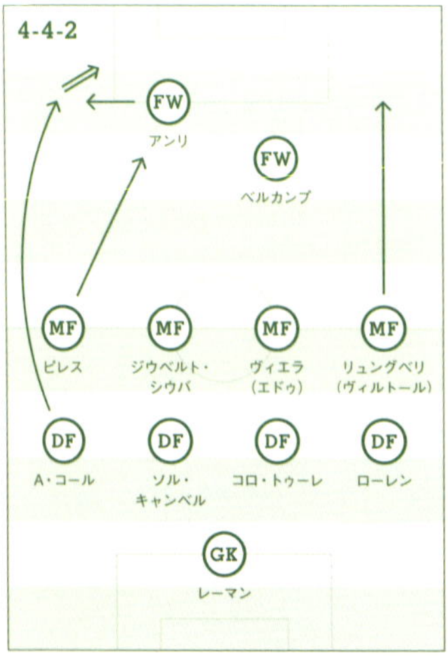

恐るべき突破力の左サイド3段攻撃

右サイドは縦に突くシンプルな攻撃が多かったが、左サイドはより流動性が高く、攻撃の中心的な役割を担った。カウンターのようにスペースが空く場面では、相手SBの裏に最前線からアンリが流れ、スピードドリブルからカットインシュートを狙う。それが無理なら、その後ろからピレスが突破を図り、ワンツーやアーリークロスなどで素早くディフェンスラインの裏を突く。それが無理でも、さらに後方からサイドバックのA・コールもオーバーラップし、途切れない攻撃を仕掛ける。左サイドは選手が入れ替わりながら、アグレッシブに攻めた。

Point!

絶頂期の得点力こそ無いが、ベルカンプがもたらす意外性は、縦に速いアーセナルにスパイスを利かせた。

Formation Case 02 | アーセナル（2015-16）

Basic Formation

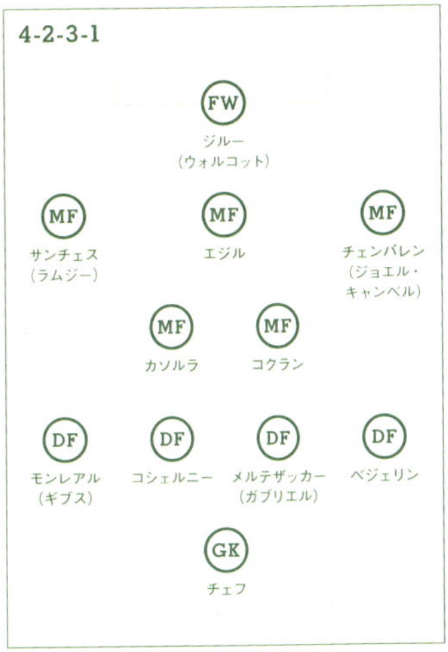

新生インビジブルズを目指して

ベンゲル戦術のメインとなるのは、攻撃のスピード。足下のパスを素早くつなぎ、相手ゴールに迫る。このハイテンポを実現するために、練習では自動化されたコンビネーションの浸透が重視されている。インビジブルズの優勝以来、サッカー界にはビッグマネーが持ち込まれ、資金不足で戦力を保持するのが難しくなったアーセナルは若手育成方針に切り替えたが、戦術の方針は変わらず、それに合った選手を獲得。長らくタイトルから見放されたが、2012年頃から積極補強に乗り出し、2013-14シーズンから2年連続でFAカップを制した。

フォーメション	[4-2-3-1] [4-1-4-1]
フリーキッカー	エジル、カソルラ、サンチェス
ビルドアップ	カウンター、ポゼッション
メイン攻撃	スルーパス、サイド突破、セットプレー
DFエリアの高低	やや低め

Special Formation

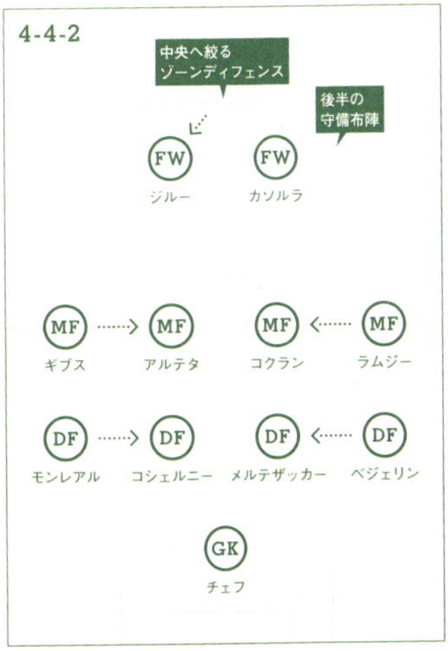

勝負に徹する試合運びへ

2014年頃からアーセナルは自慢のハイテンポを修正し、スコアによってはスローダウンさせる試合運びを見せるようになった。引いて中央へ絞るゾーンディフェンスで相手にパスを回させ、カウンターをねらう。現実的な戦い方を見せている。2015-16シーズンのコミュニティーシールドは14回目の対戦で初めてモウリーニョのチェルシーに勝利したが、それも偶然ではない。チェンバレンのゴールで先制すると、守備的な選手を投入して守備を固め、1-0で逃げ切った。アーセナルも変わりつつある。

Point!

チェルシーから獲得したGKチェフは、長身と技術を生かした圧倒的なセービングで、危機を救い続けている。

私は最高のチームを作り上げたが、
フランス人の中から
最高の23人を選んだわけではない

バランスを重視した
現実主義的スタイル

Didier Deschamps

ディディエ・デシャン

»監督になるまでの経歴、経緯、人物像

現役時代はリッピ率いるユヴェントスの中盤を支え、無尽蔵なスタミナで走り回る姿は、マラソンマンと呼ばれた。2001年に引退すると、すぐにモナコの監督に就任。2003-04のCLでは決勝でモウリーニョのポルトに敗れるも、準優勝を成し遂げる。その後、ユヴェントス、マルセイユを経て2012年からフランス代表の監督へ。自国開催の2016年欧州選手権に挑む。「イタリアサッカーの影響を受けた」と語るデシャンは、無闇に攻撃的に立ち向かって砕け散ることを好まない。1-0でも、まずは勝利すること。シャンパンサッカーとは異なる哲学で、堅くバランスの保たれたサッカーを展開する。

»名試合

2003-04のCLグループリーグ、ホームで対戦したデポルティーボとの試合では、プルソの4ゴールなど攻撃陣が爆発し、8-3で打ち合いを制した。1試合で8ゴールはCL史上最高のゴール記録となり、また、1試合で両チーム合わせて11点が決まったことも、史上最高の記録だった。グループリーグで相まみえたモナコとデポルティーボは、そのままベスト4まで勝ち進むことに。最終的にはどちらもモウリーニョのポルトに敗れて話題をかっさらわれたが、ユヴェントス、レアル・マドリード、チェルシー、ミランを沈め、ビッグクラブ不在のシーズンを演出したことは、見事な偉業だった。

育てた名選手

ジェローム・ロテン／モナコで羽ばたいた左利きのアタッカー。正確なクロスとFKが持ち味。ある試合の後、デシャンに対して「ホモ野郎」とののしったが、「デシャンは全く遺恨を残さなかった」と器の大きさに感服。

パトリス・エブラ／元々はFWだが、突破力のある左利きサイドバックとして開花。国際的に高い評価を得て、師と仰ぐデシャンの元でプレー。2005年にデシャンがモナコを解任されると、すぐにマンチェスター・ユナイテッドへの移籍を決めた。

天敵・ライバル

ローラン・ブラン／デシャンと共にフランス代表の中核を担った。デシャンの就任前にフランス代表を率いたが、2012年欧州選手権はスペインに敗れベスト8。デシャンは2014年W杯、ドイツに敗れベスト8。

マルチェロ・リッピ／デシャンはコンテ、パウロ・ソウザと共に、リッピのユヴェントスを支えた。DFフェラーラを含め、リッピの教え子の多くが監督になったことは興味深い。特に中盤の3人は、全員が名立たる実績を挙げた。

Formation Case 01 | モナコ（2003-04）

Basic Formation

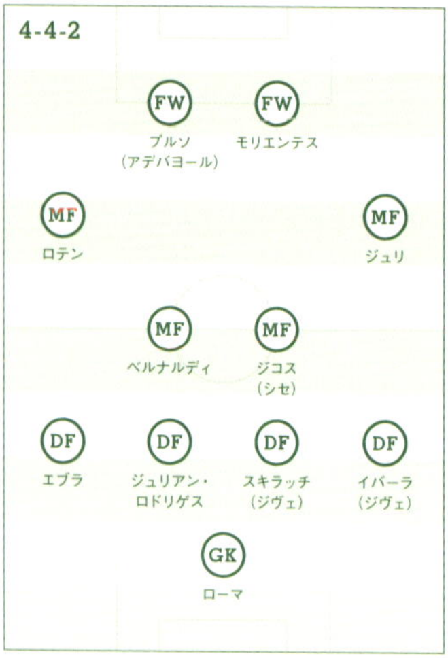

3年目で脂が乗ったチームへ

就任初年度の2001-02はリーグ15位と、「デシャンでなければ解任されるべき順位」にまで落ち込んだが、2年目は4-4-2とサイド攻撃を中心に2位へ躍進。ベテランを放出し、若手への新陳代謝も成功した。そして3年目の2003-04にCL出場を果たすと、準優勝へ。正確な左足を持つロテンと、アグレッシブな攻撃参加を図るエブラの左サイドは強烈な破壊力を誇り、右サイドはジュリの飛び出しの巧さが光る。ハードワーク志向で、高いDFラインとプレッシングによるショートカウンターを武器とした。

フォーメション	[4-4-2] [4-2-3-1] [4-3-3]
フリーキッカー	ロテン
ビルドアップ	ショートカウンター、ポゼッション
メイン攻撃	裏への飛び出し、サイド攻撃、セットプレー
DFエリアの高低	やや高め

Special Formation

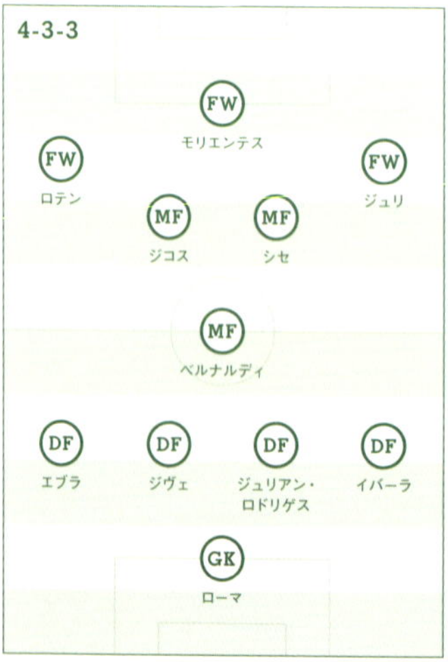

中盤に厚みを持たせてポルト戦へ

試合によってはプルソをサイドに移し、ジュリをトップ下で起用するなど、変幻自在の采配を見せたデシャン。CL決勝のポルト戦では、運動量のあるマニシェらと、技術と創造性に優れたデコをトップ下に置く相手の長所に対抗するため、4-4-2ではなく、4-3-3を採用した。プルソを削ってシセを入れ、中盤を3ボランチで厚みを持たせることに。ところが、前半23分にジュリの負傷交代により、個の攻め手を失い、先制を許す。さらにモウリーニョ得意のカウンターで2失点を重ね、0-3と完敗を喫した。

Point!

話題を集めたデシャンのモナコから、エブラ、ジュリ、マルケスなど、多くの選手がビッグクラブへ羽ばたいた。

Formation Case 02 | フランス代表（2015-2016）

≫ Basic Formation

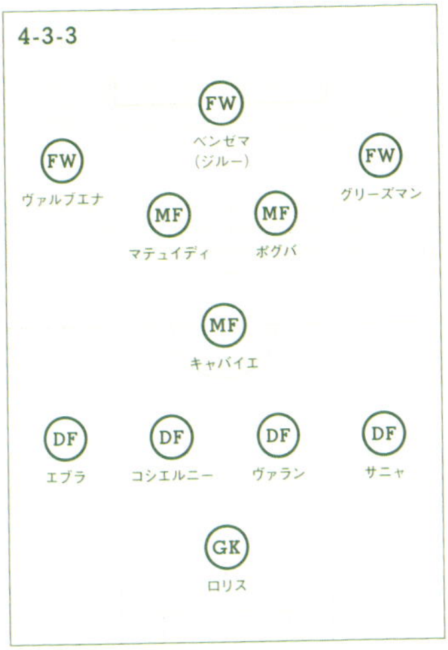

両インサイドハーフが心臓

2012年に就任後、様々なシステムを試行し、4-3-3にたどり着いた。チームの心臓は、マテュイディとポグバ。両インサイドハーフが運動量を生かして攻守に絡み続ける。基本的に攻撃は前線の3人に自由を与えて、守備は11人でハードワークを求める。バランスを重視した仕組みは、師であるリッピのチームによく似ている。実績あるタレント集団だが、ベンゼマのヴァルブエナに対する恐喝事件など、ピッチ外の問題が多いだけに、このチームの指揮官は、カリスマと規律を備えたデシャン以外にあり得ない。

フォーメーション	[4-3-3]
フリーキッカー	ヴァルブエナ、マテュイディ
ビルドアップ	中央の厚みを生かしたポゼッション
メイン攻撃	サイド攻撃からクロス、飛び出し
DFエリアの高低	やや低め

≫ Special Formation

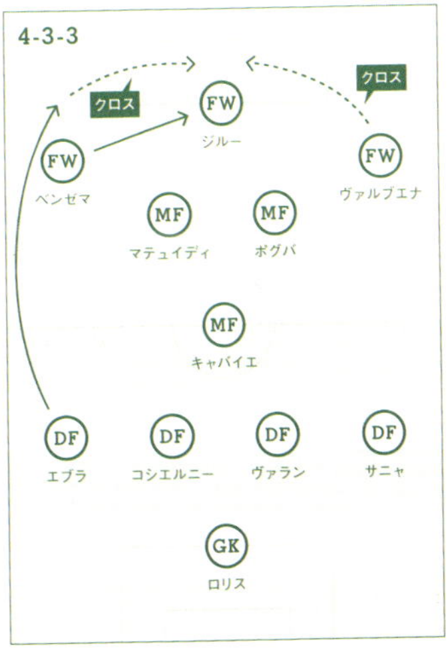

前線3人の使い分け

動き回って足下にボールを引き出すベンゼマに加えて、ターゲットマンタイプの長身FWジルーを備える陣容は心強い。ベンゼマを1トップに置く場合は、ベンゼマがスペースに広く動き、入れ替わってグリーズマンがカットインするなど、前線に流動性を生み出すことができる。反面、空中戦に長けるジルーが1トップに入った場合は、サイド攻撃からのクロスがさらに怖いものになる。自由を与える前線3人の組み合わせにより、攻撃のバリエーションを出す。対戦相手や時間帯によって使い分けられるのは大きい。

Point!

自国開催となる2016年欧州選手権に向け、チームは成熟してきた。あとはピッチ外の問題を残すのみ。

「私はエネルギッシュなスタイルを求めている。
より英国的なものだ。
しかし、試合は絶えず止まるから難しい。
選手は自ら倒れ、レフェリーもそれを許している」

内を守り、外から攻める
バランス重視の手堅いサッカー

David Moyes

デイビッド・モイーズ

»監督になるまでの経歴、経緯、人物像

スコットランド出身。選手時代に目立った活躍はないが、22歳でコーチングライセンスを取り、早くから指導者を志した。1998年に下部リーグのプレストンでキャリアをスタート。2002年に就任したエヴァートンで頭角を表し、ファーガソン、ヴェンゲルに次ぐ11年という長期政権を築いた。上記2例では、シーズン途中の就任で、降格の危機に瀕したクラブを救っている。選手に気合と闘争心を注入し、彼が率いたクラブは「働き者たち」と表現された。しかし、2013年に就任したマン・ユナイテッドでは、本来は残留請負人であるモイーズの手法がベテラン選手の反発を招き、解任の憂き目に合った。

»名試合

タイトルこそ獲得出来ていないが、モイーズが評価された要因は、限られた予算の中で最高の結果を残してきたことだ。その意味で、2007-08シーズンはひとつの転機と言える。エヴァートン就任以来、15位、7位、17位、4位、11位、6位と、残留を果たしつつも乱高下する成績だったが、07-08シーズンは5位へ食い込み、その後は退任まで安定して一桁の順位をキープした。その大きな要因はスカウティング。有望だが世間の評価が低い選手を獲り、エヴァートンで活躍させる。未開発の若手から、落ち目になったベテランまで、モイーズ工場で評価を上げた選手は多い。

育てた名選手

マルアン・フェライニ／エヴァートンでモイーズに重用された。元々は守備的MFだったが、FWで起用されることも。194cmの長身を生かして空中戦のターゲットに。ユナイテッドにも愛弟子として共に移籍。

レオン・オズマン／2000年にエヴァートンの下部組織から昇格した生え抜きMF。レンタル移籍の後、2004年からモイーズのチームで中心選手になった。2014年にクラブのプレミア最多出場記録を更新。

天敵・ライバル

アレックス・ファーガソン／レジェンドの後を継いだが、1シーズン持たずに解任。長期プロジェクトを任されると思っていたモイーズは落胆した。エヴァートン時代からファーガソンやヴェンゲルの背中を追い続け、勇退した後も、追いつけなかった。

ウェイン・ルーニー／エヴァートン時代に不仲になり、ルーニーがその模様を自叙伝に書いたことで裁判沙汰に発展した。モイーズが賠償金を受け取っている。ユナイテッド就任が決まったとき、しこりの残るルーニーの放出が予想されたが、残留。

Formation Case 01 | エヴァートン（2008-09シーズン）

Basic Formation

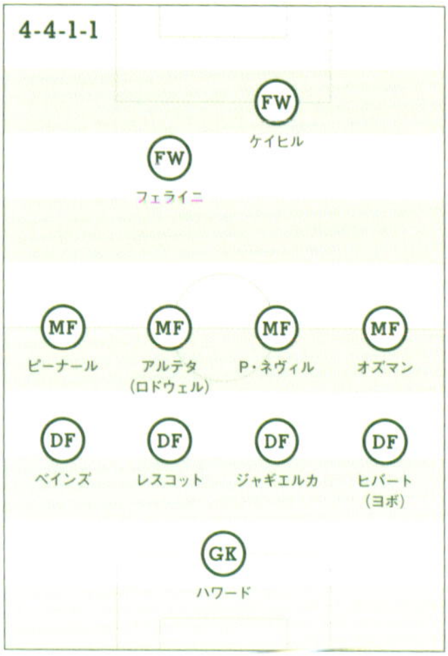

爆発力に欠けるが、手堅い攻撃

モイーズは、最もイギリス的な4-4-2、あるいは4-4-1-1を好む指揮官だ。無理につながず、前線へのロングボールから、長身のフェライニらが起点を作る。空中へ飛ばすことで、自陣で危険なボールロストを回避。そしてサイド攻撃からクロスへ。サイド突破は失敗してもカウンターを食らうリスクが少ない。最後はフェライニや、180cmながら空中戦に強いケイヒルがフィニッシュに持ち込む。得点の爆発力には欠けるが、手堅い戦術であり、下位から中堅クラスのチームにおいては、成績の安定につながった。

フォーメション	[4-4-1-1] [4-1-4-1] [4-4-2]
フリーキッカー	ベインズ、アルテタ
ビルドアップ	ロングボール、カウンター
メイン攻撃	サイド攻撃、セットプレー
DFエリアの高低	低め

Special Formation

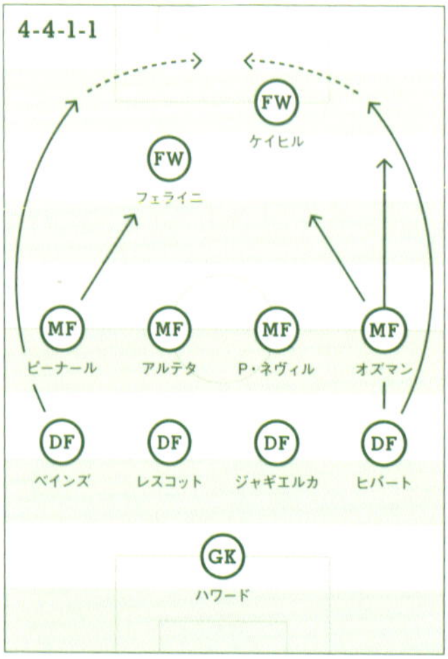

ポジション固定で仕事を完結

モイーズのサッカーは「守備的」「つまらない」と表現されることがある。その理由は、ポジションを崩すことを許さない戦術的な規律に起因する。モイーズは、サイドの選手はサイドで、中央の選手は中央で、それぞれが仕事を完結させることを望む。たとえば左サイドの選手が右サイドへ流れたり、FWが中盤に引くといった流動性は全くない。しかし、そのおかげで守備のバランスが崩れにくく、安定性は高くなる。流動性とは対局にあるスタイルだ。選手個々には何かひとつの職人芸よりも、攻守のトータルバランスが求められる。

Point!

セットプレーも大事な得点源。右のアルテタ、左のベインズはどちらもプレミア屈指の精度を誇った。

Formation Case 02 | マンチェスター・ユナイテッド(2013-14)

Basic Formation

変わらない戦術。モチベートにも失敗

ユナイテッドに栄転しても、モイーズのサッカーに変化はない。CL決勝でバルセロナに2度敗れたファーガソンは、戦術の現代化に関して意欲的だったが、モイーズは違った。プレーエリアを固定するサッカーを展開し、メディアから「創造性のある選手を窒息させる」と揶揄された。また、モイーズは課外活動によるモチベート手法も時に用いる指揮官だったが、公園で練習をするという奇抜なアイデアは、ベテラン選手にとっては刺激よりも馬鹿馬鹿しさが先立ち、「俺たちはアマチュアじゃない」と、むしろ反発を強めてしまった。

フォーメション	[4-2-3-1] [4-4-1-1] [4-3-3]
フリーキッカー	ルーニー、ファン・ペルシ
ビルドアップ	ポゼッション
メイン攻撃	サイド攻撃、クロス
DFエリアの高低	やや低め

Special Formation

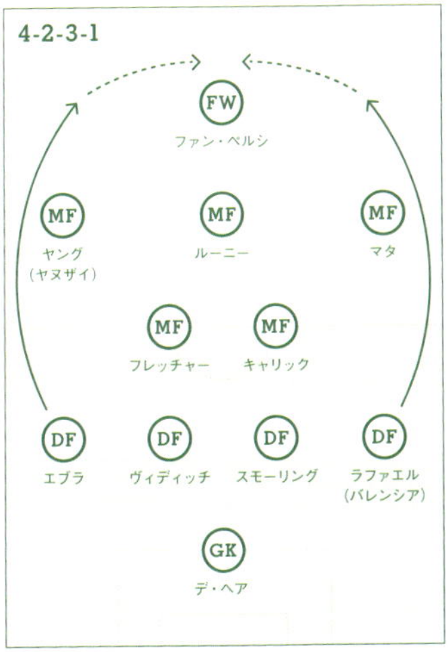

フラム戦で記録した81本のクロス

1年に満たなかったモイーズ・ユナイテッドにとって、悪い意味で象徴的な試合になったのが、最下位フラムとの対戦だった。自陣に引きこもるフラムに対し、モイーズは徹底的なクロスを指示。ユナイテッドはプレミア新記録となる81本を蹴り込んだ。ところが、クロスはなかなかゴールに結びつかず、フラムに先制を許す始末。モイーズのユナイテッドが通用しなかった最大の理由は、対戦チームにある。ビッグクラブであるが故に、相手が守備的な戦術を取ることが多い。引いた相手を崩す戦術について、モイーズは決定的に欠けていた。

Point!

プライドの高い選手の人心掌握と、引いた相手を崩す戦術。どちらも持ち得ないモイーズは、ビッグクラブ向きではなかった。

Arrigo Sacchi

アリゴ・サッキ

Column

2

サッカーを変えた男

「近代サッカーの父」と呼ばれたイタリア人

クライフの他にも、サッカーの発展に大きな足跡を残した監督がいる。その一人は「近代サッカーの父」と呼ばれるイタリア人のアリゴ・サッキだ。

1986年からミランを率いたサッキは、セリエAで規格外の突破力を見せつけたマラドーナを封じる戦術を必要としていた。たとえマンマークを付けても、マラドーナには簡単に剥がされてしまう。そのため、1対1ではなく守備ブロックを組み、ボールの動きに対して全員が上下左右に連なって移動するゾーンディフェンスをベースとした。

これにより、ゴールをねらうマラドーナの周囲をコンパクトに縮め、1対1ではなく複数人で襲いかかってボールを奪う。さらに、そのブロックは高い位置からプレッシングを行い、相手のボールの出処から遮断していく。結果としてマラドーナをゲームから追い出し、ボールに触れたとしても、自陣ゴールから遠く、危険の小さいエリアで囲い込めるようにゾーンプレスを行った。コンパクトなブロックが連動してプレッシングを行うコンセプト自体は、それ以前にも存在したが、フラットな3ラインの4-4-2で、システマチックな戦術として完成させたのはサッキの偉業と言える。

味方同士をコンパクトに保たせるために、サッキは選手同士をロープでつないでトレーニングを行った。ロープによってお互いの距離が一定に保たれるため、すき間のないポジショニングを徹底できる。この動きを続けるためにはフィジカルや走力が重要となり、技術や創造性で勝負するタイプのファンタジスタ系は居場所を失うことに。

このような細かい約束事を嫌がる選手は、現代以上に多かったが、プロとしての選手経験がなかったサッキは、選手個人の都合よりも自らの戦術を押し通し、近代サッカーの"厳父"となった。

クライフのポゼッション哲学がグアルディオラらに受け継がれたように、サッキの戦術も多くの指導者に勉強の機会を与えることになった。サッキの作り上げたミランを引き継いだカペッロはもちろん、イタリア代表でサッキの助監督を務めたアンチェロッティ、あるいはリッピやアッレグリ、クロップなど、多くの監督がサッキのゾーンプレスから影響を受けた。

上／大声で指示を出す、サッキ。イタリア代表では、そうそうたるメンバーを率いて好成績を残した　下／サッキが生み出した戦術を実践できるメンバーが、この時のACミランには揃っていた

Chapter 3

個性派

ヨハン・クライフに然り。サッカーの世界には、
結果やタイトルでは計り知れない価値を生み出す監督がいる。
彼らにとってサッカーとは、単なる勝負事ではなく、人間の営みそのものだ。
たとえ試合に敗れても、歩を緩めることはない。
自らの戦術のこだわりを、徹底的に貫く8人の監督を選り抜いた。

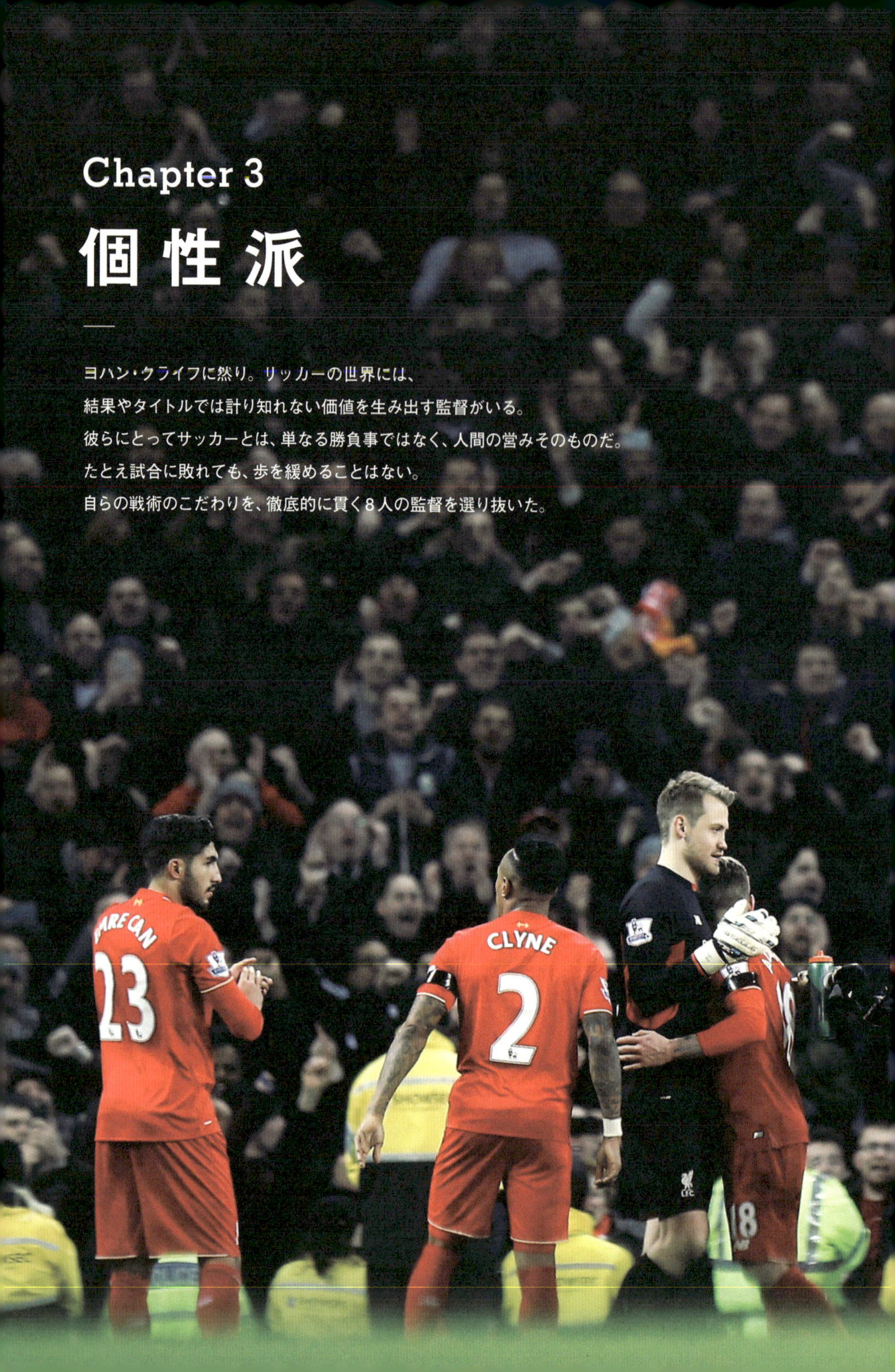

Unique

—

Marcelo Bielsa
Jürgen Klopp
Francisco Jémez Martín
Alan Pardew
Van Gaal
Guus Hiddink
Zdenek Zeman
Luciano Spalletti

サッカーは125パターン。
126番目が
どうしても見つからない

エル・ロコ（奇人）と呼ばれた
戦術オタクの指揮官

Marcelo Bielsa

マルセロ・ビエルサ

》監督になるまでの経歴、経緯、人物像

医者や政治家の家柄に生まれたが、幼い頃からサッカーが好きで、選手の道へ歩み始める。しかし、25歳で早々と引退し、指導者へ。アルゼンチンやメキシコで指揮を執った後、1998年にアルゼンチン代表監督に就任。2002年W杯に臨むもグループリーグで敗退。しかし、2004年アテネ五輪ではアルゼンチン代表で金メダルを獲得した。戦術オタクのビエルサは、世界中のサッカーを見て分析を続けた結果、サッカーの戦術は125パターンであり、126番目はいくら探しても見つからないと言う。その一方、サッカーは応援してくれる人々を熱狂させる魅力にあふれるべきという想いも強く、自らの理想に一切の妥協をしない信念を持つ。

》名試合

2011-12シーズンはアスレティック・ビルバオを率いて、ヨーロッパリーグとスペイン国王杯、両方のファイナリストに登りつめた。前者の決勝はアトレティコ・マドリードに、後者はバルセロナに、スコアはどちらも0-3で大敗。しかし、ヨーロッパリーグではマンチェスター・ユナイテッド、シャルケ、スポルティングと、強豪を次々と撃破。バスク純血主義により、昨今のグローバル化で相対的に古豪となってしまったビルバオを再びワールドクラスへ押し上げた手腕は高く評価された。バルセロナを指揮したグアルディオラは、ビエルサに心酔し、「世界最高の監督」と評している。

育てた名選手

ハビエル・マスチェラーノ／リーベルの下部組織で育つも、なかなかトップデビューできずにいたが、2003年にビエルサがA代表へ抜てき。A代表デビューのほうが先という珍しい例になった。

ヘラルド・マルティーノ／ニューウェルズ・オールドボーイズでビエルサの指導を受けた、自他共に認めるビエルサの弟子。バルセロナで1シーズン指揮し、2014年からアルゼンチン代表監督。

天敵・ライバル

ジョゼップ・グアルディオラ／グアルディオラは、クライフ、メノッティなどと共に、ビエルサから多大な影響を受けた。国王杯決勝だけでなく、リーグ戦でもビルバオと熱戦を繰り広げ、「こんな勇敢なチームは見たことがない」と称賛した。

ディエゴ・シメオネ／アルゼンチン代表でビエルサの薫陶を受けたシメオネは、ボールのない所の動きを指導する監督の仕事について、多くを学んだ。EL決勝では熱戦を繰り広げ、師のビルバオを破っている。

Formation Case 01 ｜ アルゼンチン代表（2002）

Basic Formation

サイドアタック重視の3-3-1-3

ビエルサが名を挙げたきっかけは、1998年に就任したアルゼンチン代表だ。2002年W杯本大会こそグループリーグ敗退となったが、南米予選では無類の強さを見せつけ、優勝本命と言われていた。サイドに縦3枚を配する3-3-1-3を使い、数的優位を生かして突破するか、あるいはフリーになったオルテガやクラウディオ・ロペスがドリブルで仕掛けた。反面、中央の人数が薄いため、トップ下は広範囲に動いて攻守に関わる運動量と判断力が必要。そのためアイマールやリケルメではなく、ベロンが入り、シンプルにサイドへボールを散らした。

フォーメション	[3-3-1-3]
フリーキッカー	ベロン
ビルドアップ	サイドへの展開
メイン攻撃	ドリブル、サイド攻撃からクロス
DFエリアの高低	やや低め

Special Formation

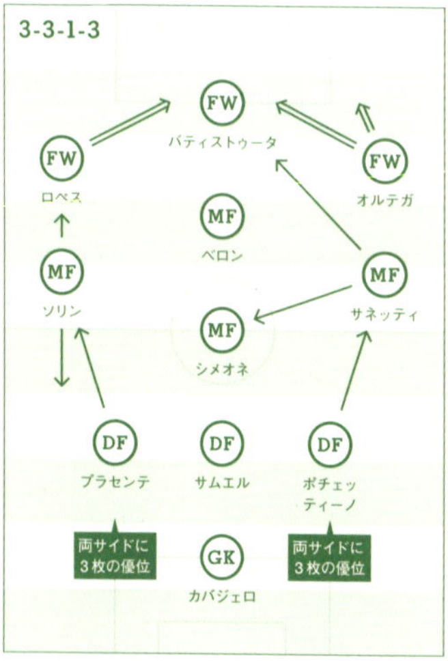

ソリンとサネッティが鍵

戦術上のキーポジションとなったのは、両ウイングハーフだ。左のソリンは運動量を生かして上下動を繰り返し、3バックでは守り切れない幅をカバーする。一方、右のサネッティが同じことをやると5バックになってしまうため、こちらは中央のカバーに重点を置く。同時に、あえて右サイドの高い位置へ追い越さず、オルテガを孤立させることで、ドリブラーの個を存分に発揮させた。2002年の敗退は、アジャラが直前に負傷離脱して、最終ラインが弱くなったことが痛手となり、オーウェンが爆発したイングランドの速攻にさらされた。

Point!

2002年は敗退したが、ビエルサの指導力は高く評価されており、即解任とはならず。2004年のアテネ五輪優勝につながった。

Formation Case 02 | アスレティック・ビルバオ (2011-12)

Basic Formation

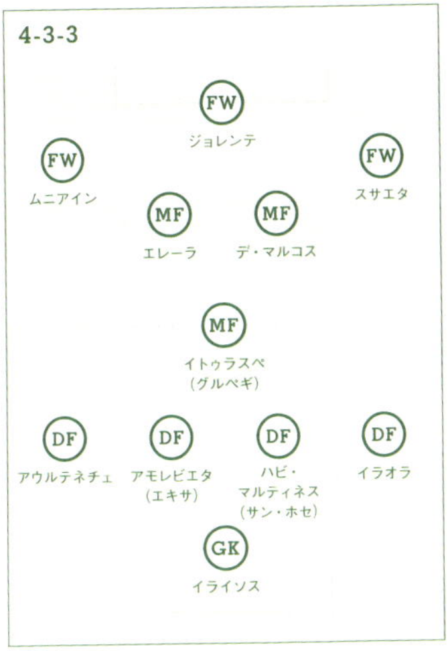

内側へ崩すサイド攻撃の徹底

キック&ラッシュのイングランドスタイルが代名詞だったビルバオを、足下のパスを使ったポゼッションスタイルに革新。ビエルサはドリルトレーニングを反復させることで、スペースの使い方を身体に染み込ませ、短期間でサッカーを変えた。4-3-3だが、サイドに3枚を使って崩すことは、どのシステムでも変わらない。お互いに斜めに交差しながら飛び出す動きを反復させ、単なる大外からのクロスではなく、特にペナルティーエリアの内側へ深く切り込むサイド攻撃を徹底。マイナスへ折り返すクロスからチャンスを量産した。

フォーメション	[4-3-3] [3-4-3]
フリーキッカー	スサエタ、デ・マルコス
ビルドアップ	ポゼッション、ショートカウンター
メイン攻撃	サイドのコンビネーション、マイナスのクロス
DFエリアの高低	高い

Special Formation

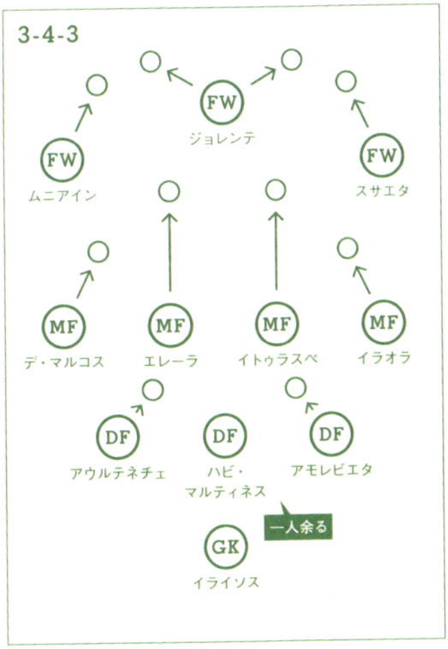

マンツーマン守備をはめ込む

ビエルサ流の守備はマンツーマンが原則だ。唯一、最終ラインだけは1枚の数的優位を作り、1トップのジョレンテは相手DF2人と対峙するが、その他のポジションはすべて1対1でかみ合わせる。この原則を維持するため、相手が1トップなら自分たちは4バックを敷いてセンターバックは2人。相手が2トップなら3バックを敷いている。試合の前には、このような対戦相手のシステムを想定し、プレスをかける手順をボール無しで反復した。ただし、1対1を外されたり、攻守の切り替えに隙があると、一気にゴール前まで運ばれてしまう。

Point!

評価を高めたハビ・マルティネスは、クラブ史上最高となる40億円の移籍金を残して、バイエルンへ移籍した。

サッカーの生命力が魅力的なんだ。
自分のチームにも、それを伝えたい。
いつもエネルギーは足りている。
丸くなろうと思ったことなんて、
一度もない

チームに闘争心を注入する
ゲーゲン・プレスの先導者

Jürgen Klopp
ユルゲン・クロップ

»監督になるまでの経歴、経緯、人物像

現役生活の大半をマインツで過ごし、2001年に引退後、同クラブの監督に就任。2003-04シーズン、クラブ史上初となるブンデスリーガ昇格を果たし、現在に続くマインツの礎を築いた。そして2008-09シーズン、長らく中位に留まるドルトムントの監督に就任。たくさんの若手を抜てきし、クラブを変革すると、3季目の2010-11シーズンにブンデスリーガ優勝。翌シーズンも連覇を果たし、2012-13シーズンはCLのファイナリストに登り詰めた。ボールを奪い返すゲーゲン・プレッシングをベースに、ハードワークを要求することで知られている。2015-16シーズンの途中から、リヴァプールの監督に就任 。

»名試合

リーグ2連覇を果たして迎えた2012-13シーズンは、レアル・マドリードを倒してCLのファイナリストへ。前年のCLでグループリーグ敗退に終わった教訓を生かし、ホームとアウェー、対戦相手によって柔軟に戦術を使い分けたことが功を奏した。ドイツ対決となった決勝は1-2でバイエルンに敗れ、準優勝に終わったが、クロップは「これは失望に彩られた記憶ではない」と強調。「あれは又とないチャンスだったと考えるのは間違いだ」と、いち早く普段の生活に切り替えた。当時は慰めや励ましの言葉をかけられたが、クロップはその言葉で過去に引き戻されないように努めた。

育てた名選手

香川真司／J2のセレッソ大阪から移籍金ゼロで獲得した日本人を、クロップは積極的に起用した。実績のなかった香川がワールドクラスの知名度を得るに至った背景は、クロップとの師弟関係なしには語れない。

マッツ・フンメルス／ドリブルや縦パスなどビルドアップ能力に優れたセンターバック。バイエルンの下部組織で育ったが、2008年に出場機会を求めてドルトムントへレンタル移籍。クロップはこの19歳をレギュラーに定着させ、完全移籍に至った。

天敵・ライバル

ユップ・ハインケス／レバークーゼンとバイエルンの監督時にクロップのドルトムントと相みえたが、リーグ2連覇を許す。その悔しさを伝え、ライバルの映像を見せて選手を奮起させ、2012-13シーズンはトレブル（3冠）を成し遂げた。

ジョゼップ・グアルディオラ／グアルディオラのポゼッション戦術に対し、一歩も引かずにプレッシングをぶつけるクロップ。共に攻撃的だが、中身が異なる哲学が衝突するため、激しい好ゲームが見られた。

Formation Case 01 ｜ ドルトムント（2012-13）

Basic Formation

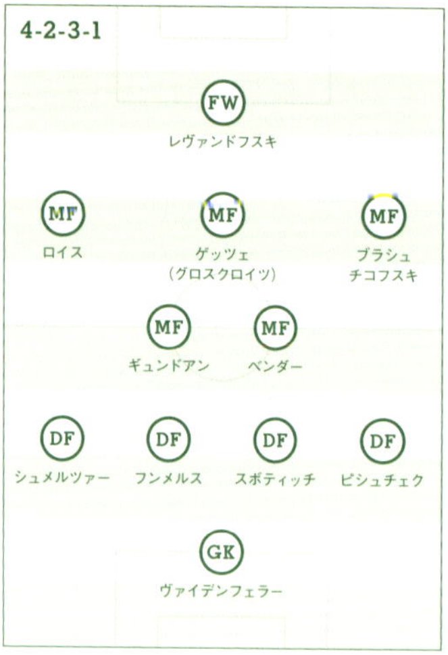

核となるゲーゲン・プレッシング

ボールを失ったら、すぐに全力でボールを奪い返す「ゲーゲン・プレッシング」（カウンタープレス）がクロップの代名詞だ。奪い返したボールは素早く1トップに当て、直線的にゴールを目指す。ポゼッションにより攻撃を落ち着ける選択肢の優先度が低いため、かなりの運動量が必要。だからこそドルトムントは1試合辺りで120kmをコンスタントに超える、世界最高クラスの走行距離を誇った。この戦術に適した人材を揃えるため、下部組織でも同じシステム、同じ戦術を用いている。若手起用を好むクロップがスカウトしやすい環境を整えた。

フォーメション	[4-2-3-1] [3-5-2]
フリーキッカー	ロイス
ビルドアップ	ダイレクトパス、カウンター
メイン攻撃	クロス、スルーパス、ミドルシュート
DFエリアの高低	やや高め

Special Formation

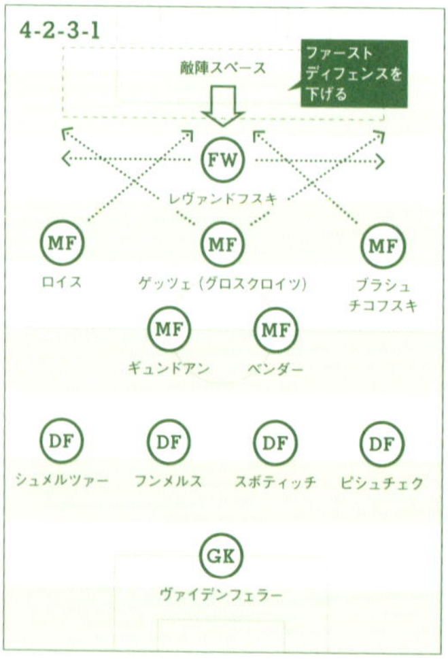

リトリートの併用で適応力アップ

ゲーゲン・プレッシングを戦術の核としつつも、ドルトムントは前年のCLで壁にぶち当たっていた。奪い返そうとボールを取り囲む瞬間、相手が空中へロングボールを蹴り出し、檻を脱出してしまう。それが精度の高いボールではなくても、海外のトップクラブのFWは個の力でキープし、カウンターを仕掛けてくる。2年目の国際舞台となったクロップは同じ轍を踏まず、アウェーの試合、相手の戦力、スコア状況によってはラインを下げて待ち構え、相手陣内にスペースを空けた状態でレヴァンドフスキを中心としたロングカウンターを使った。

Point!

CL準決勝のレアル・マドリード戦では、レヴァンドフスキが4得点と大爆発。一気にワールドクラスへ名乗りを挙げた。

Formation Case 02 | リヴァプール(2015-16)

Basic Formation

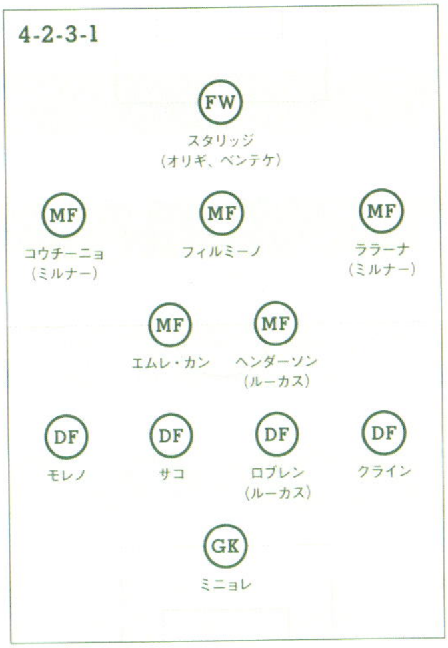

正反対のクロップ戦術が目覚ましに

2015年10月、解任されたロジャースの後任としてリヴァプールへ。この就任は停滞するリヴァプールへの目覚ましとなり、最初の試合からリーグ最高クラスの運動量を記録。クロップとは正反対のポゼッション戦術が浸透したチームだったが、伸び悩み感があったため、個性の強い指揮官による戦術転換はポジティブに受け止められた。初めのうちは勢いだけのプレッシングで大味な試合が多かったが、寄せる守備の原則、組織的にコンパクトにすることを少しずつ教え込み、「3年後までにタイトルを獲る」と目標を掲げている。

フォーメション	[4-2-3-1] [4-1-4-1] [4-4-2]
フリーキッカー	コウチーニョ、ララーナ
ビルドアップ	ショートカウンター、ポゼッション
メイン攻撃	裏への飛び出し、サイド攻撃、アーリークロス
DFエリアの高低	高い

Special Formation

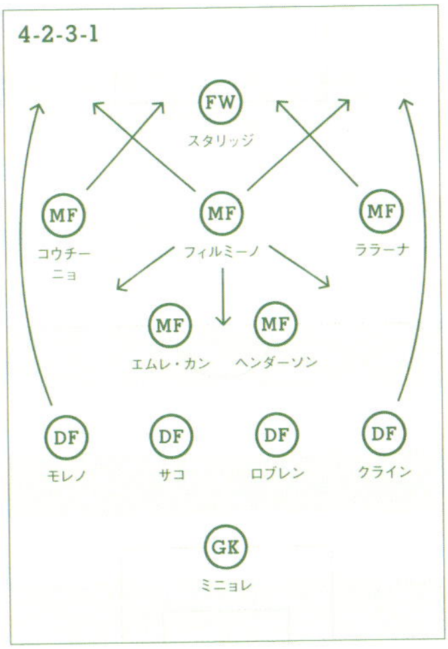

ポゼッション攻撃も導入

終盤のドルトムントでクロップが抱えた最大の問題は、引いた相手に対する攻撃法だった。スペースを空けなければクロップ戦術は脅威ではないと、対戦相手に研究され、苦戦した。第一目標をカウンターとしつつも、状況によってはポゼッションで相手の守備を動かし、スペースを作る攻撃も必要になる。そこでキーマンとなるのが、仕掛けだけでなく、すき間に入ってボールを呼び込むオフザボール能力に長けたフィルミーノだ。流動的に動き回って相手の守備をずらし、スペースを開ける。ケガの多いスタリッジと組めればベストだが。

Point!

開幕前に63億円を支払い獲得したベンテケはフィルミーノとは正反対に動きが少ないFW。クロップ戦術との相性が悪い。

失敗する選手のほうが、
挑戦しない選手よりも好きだ

リスクを飲み込む勇気
超攻撃的スタイルは心術一体

Francisco Jémez Martín

フランシスコ・ヘメス・マルティン

》監督になるまでの経歴、経緯、人物像

現役時代は長髪をなびかせた獰猛なセンターバック。スペイン代表としてもプレーし、2001年に日本と対戦して1-0で勝った試合が代表のラストゲームだった。06年に引退すると指導者の道へ。下部リーグで実績を挙げて2012年に1部のラージョに就任すると、リーグ最小レベルの強化予算で8位、12位、11位と3シーズン連続で中位に躍進。リスク上等の勇敢なスタイルを指導し、5、6失点する試合も少なくないが、スキンヘッドとポゼッション主義の超攻撃的サッカーで、現役時代とは異なる姿を見せる。また、奔放な発言でも知られ、守備的なチームを「恥ずかしい」と切り捨てるなど、物議を醸すことも多い。

》名試合

2013-14シーズンのバルセロナ戦では、ポゼッション率51%とラージョが上回ったことがビッグニュースになった。2008年にライカールト率いるバルセロナがクラシコで44%を記録して以来、5年以上もポゼッションで劣る試合はなかったが、それを小クラブのラージョが成し遂げた。パコ・ヘメスの強固な哲学が表れた珍事であり、2015-16シーズンも55%と大きく上回っている。ただし、マルティーノやエンリケが指揮するバルセロナは、グアルディオラ時代よりもカウンターに力を入れ、状況によって引いて守ることも辞さないため、勝敗に直結しない数字であるのも確か。実際、どちらもラージョが大敗した。

育てた名選手

ロベルト・トラショーラス／バルセロナの下部組織で育ったプレーメーカー。パス数、成功率は常にリーグ最高レベル。シャビら同世代のタレントに埋もれていたが、パコ・ヘメスの下で飛躍した。ボール奪取など守備も活躍するラージョの心臓だ。

ナチョ／アトレティコの下部組織で育った左サイドバック。下部リーグを転々としたが、2012年にラージョBからパコ・ヘメスに登用されてトップの試合へ。多くの選手がラージョでチャンスをつかんだ。

天敵・ライバル

ルイス・エンリケ／現役時代からしのぎを削り、監督初期にはエンリケがバルサB、ヘメスがラス・パルマスを率いて対戦。ラージョの監督は、エンリケがセルタとバルサの監督として相対した。共に尊敬の念を抱く良きライバル。

ジネディーヌ・ジダン／ジダンは当初、プロライセンスを所持しておらず、レアルBの助監督という名目で、実質的に指揮を執っていた。曲がったことが大嫌いなパコ・ヘメスは、この例外扱いを痛烈に批判している。

Formation Case 01 ｜ ラージョ（2012-13）

Basic Formation

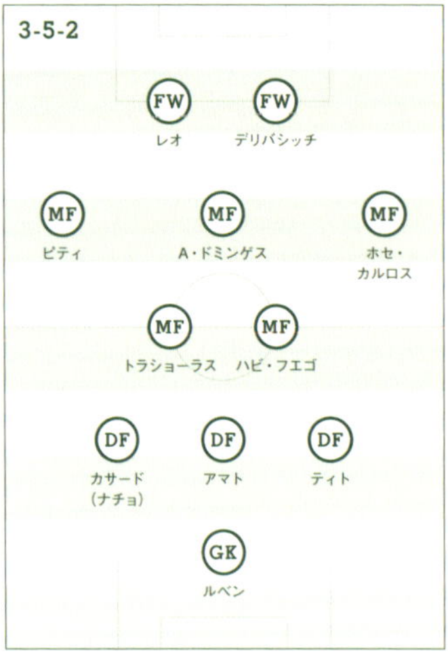

勇敢に戦うジェットコースターチーム

戦力で劣るビッグクラブに対し、リスクを恐れて腰が引けたら、良くて引き分け。勝ち点3はない。パコ・ヘメスのサッカーは、勇敢に戦うことがすべてだ。高く設定した最終ラインと、ボールロストを恐れず徹底的に足下でつなぐポゼッションをベースに、どんなクラブにも真っ向から突撃する。その結果、大量失点で負ける試合も多く、『ジェットコースター』と揶揄された。しかし、哲学を貫いて華々しく散った覚悟は、必ず他の試合で生きるとパコ・ヘメスは信念を抱く。それが間違いでないことは、年間を通じた結果を見れば明らかだ。

フォーメション	[3-5-2] [4-2-3] [4-3-3]
フリーキッカー	トラショーラス
ビルドアップ	ポゼッション、ショートカウンター
メイン攻撃	サイド攻撃、コンビネーション
DFエリアの高低	高い

Special Formation

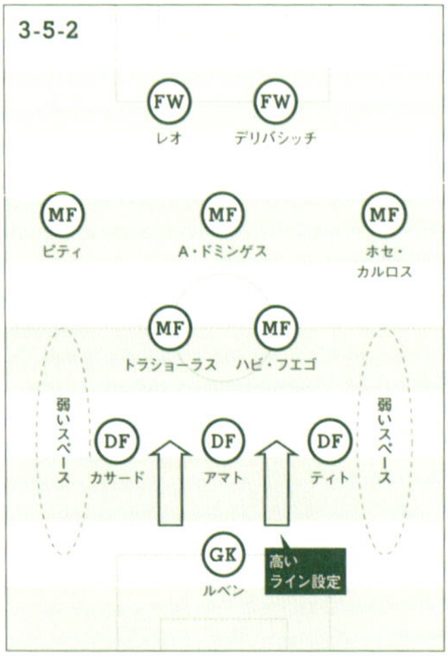

3バックがもたらす心術一体のチーム構築

就任当初は3バックからチームを始動させた。DFが1人少ない状態で、さらに高い位置へラインを上げろと指示。当然、失点するたびに選手からラインを下げたい、4バックにしたいと意見を受けるが、パコ・ヘメスは同調せず。「選手はまだミスを恐れている。実力の半分も出ていない」と、あえてリスクの大きい3バックを堅持させ、哲学の浸透を心術一体で成し遂げた。3バックはサイドを突かれると弱い。優秀なウインガーがいる対戦相手、たとえばレアルやバルセロナに対しては4バックを使ったが、最初はチームの軸として3バックを用いた。

Point!

2015年にラージョが中国代表FWチャンの獲得を決めると、「スポンサーの押し付け」と糾弾。自身もリスクを恐れない。

Formation Case 02 ｜ ラージョ（2015-16）

Basic Formation

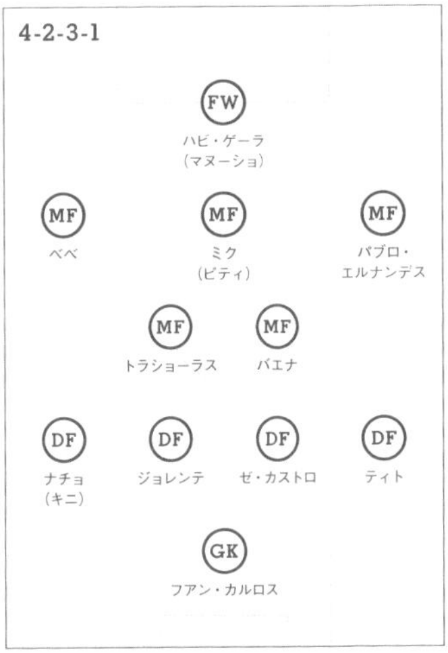

頑固な哲学が人を引き寄せる

予算の少ないクラブが期待値以上の成績を挙げたら、何が起こるのか？　オフシーズン、そのクラブは選手の草刈り場になる。ラージョも例外ではなく、毎年のように10人以上の選手が入れ替わった。その中でチームをやり繰りするのは簡単ではないが、パコ・ヘメスが優位を持っていたのは、その勇敢な哲学に共鳴した選手が、「パコの下でやりたい」と集まってくること。さらに、下部組織でも一貫した考えを持ち込み、若い選手をピックアップしやすくなったこと。結果を恐れず、勇敢に戦う頑固な哲学は、さまざまなメリットをもたらした。

フォーメション	[4-2-3-1]
フリーキッカー	トラショーラス
ビルドアップ	ポゼッション、ショートカウンター
メイン攻撃	サイド攻撃、コンビネーション
DFエリアの高低	高い

Special Formation

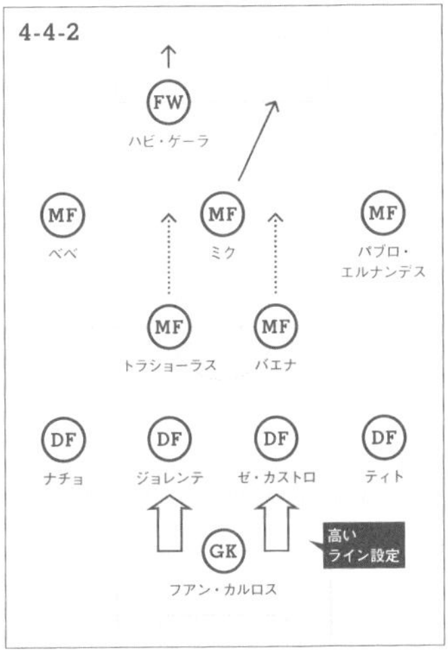

攻守共に可変システム

基本システムは4-2-3-1だが、攻撃時は相手のプレスを受ければバエナが下がり、両サイドバックのティトとナチョを中盤へ押し上げて、3バックに変形。サイドへの広い展開を使ってアタッカーを生かす。また、守備は高い位置から相手を追い詰めてラインを高く保つのが約束事なので、トップ下も加わって2トップ気味に相手のセンターバックにプレスをかけ、連動してダブルボランチが前へ出る。相手がGKまでボールを戻せば、さらに追撃する。攻守共に珍しい戦術ではないが、リスクを受け入れて徹底するところが特徴的だ。

Point!

パコ・ヘメスのリスク哲学は徹底されている。たとえ退場者が出た試合でも、DFを削ってFWを投入するほどだ。

サッカーで呼吸し、
サッカーを愛している。
ここはそういう町だ。
良いことも悪いことも訪れる

オープン志向の熱血漢
伸び悩む背中を押す

Alan Pardew

アラン・パーデュー

»監督になるまでの経歴、経緯、人物像

ガラス職人やタクシー運転手として働きながらアマチュアのMFとしてプレー。その後、2部リーグのクリスタル・パレスと契約し、1部昇格に貢献した。現役の晩年は選手兼コーチとなり、1999年にレディングを指揮。そして2003-04シーズン、2部落ちした名門ウエスト・ハムに引き抜かれると、2年目にプレーオフで昇格。叩き上げの指揮官として自身も1部に上り詰めた。性格は気迫を前面に押し出し、共に戦う熱血漢。選手ともオープンな態度で接し、風通しの良い雰囲気を作る。しかし、2014年はニューカッスルでその性格が裏目に。カッとなって相手選手に頭突きを見舞い、7試合のベンチ入り禁止処分を受けた。

»名試合

2009年12月、ヒュートンの解任によりニューカッスルの監督に就任。「もっと経験豊富な監督が欲しい」というクラブの要望に従うものだった。ところが、選手やサポーターに支持された前任者とは違い、パーデューの就任に賛成したのはサポーターのわずか2%。パーデュー自身も周囲に制止される中での決断だったが、初陣でリヴァプールに3-1で勝利し、6戦ぶりの勝ち点3をもたらす。さらにアーセナル戦ではハーフタイムで0-4の大量リードを許していたが、後半に4点を取って引き分けに持ち込む。「あきらめない」を信条とするパーデューの激しい気合が、不信感ごとチームを染めていった。

育てた名選手

ウィルフレッド・ザハ／コートジボワール生まれで幼少期にロンドンへ移住したFW。マンチェスター・ユナイテッドでは出場機会に恵まれず、育ったクリスタル・パレスに復帰。パーデューの手助けを得て自信を取り戻し、再び活躍している。

シェイク・ティオテ／コートジボワールで育ち、ユース時代から欧州へ渡った守備的MF。2010年からニューカッスルへ。パーデューの下で自慢のボール奪取力を生かし、ポジションを獲得した。

天敵・ライバル

マヌエル・ペジェグリーニ／ニューカッスル時代の2014年、パーデューが放送禁止用語で罵倒し、試合後に謝罪の手紙を書く羽目に。その後クリスタル・パレスへ移った2015年には、第4審判に抗議するパーデューと争いになった。

ジョゼ・モウリーニョ／頭文字がPで始まる監督に敗れる『Pの呪い』に襲われたモウリーニョは、チェルシーを解任された2015-16シーズンの序盤に、パーデューのクリスタル・パレスに敗戦。不吉な流れを作られた。

Formation Case 01 ｜ ニューカッスル（2011-12）

Basic Formation

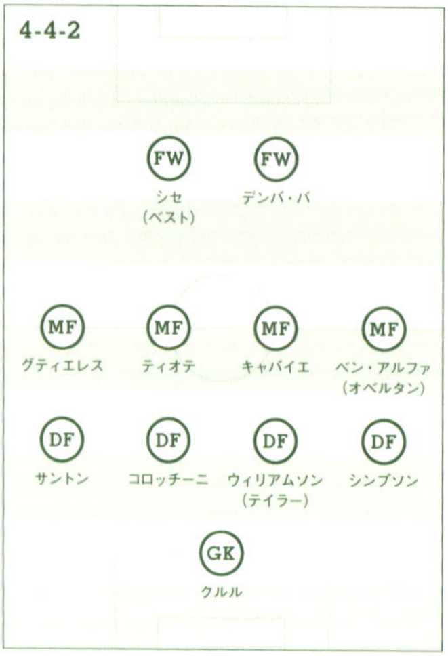

中盤のボール奪取力が光る

シーズン途中に就任した初年度を乗り切り、翌2011－12シーズンは飛躍の年になった。開幕から11戦無敗（7勝4分け）で波に乗り、CL出場権は惜しくも逃したが、パーデュー自身最高の5位でフィニッシュした。守備はコロッチーニを中心にメンバーを固定し、阿吽の呼吸で対応。MFにも献身的な守備を求めた。特にトゥエンテから獲得したティオテのボール奪取力が際立つ。守備的MFがボールを奪い切ることができれば、最終ラインは手前のスペースを任せて、裏のスペースへの対応に集中できる。

フォーメション	[4-4-2] [4-3-3]
フリーキッカー	キャバイエ
ビルドアップ	カウンター、ロングボール
メイン攻撃	ドリブル突破、飛び出し、クロス
DFエリアの高低	やや高め

Special Formation

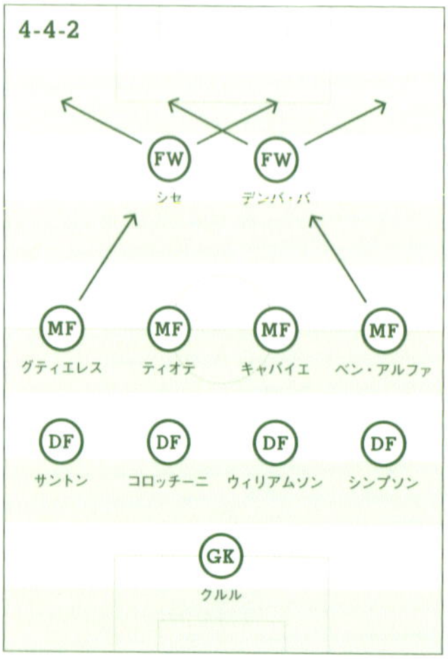

強力なFWを生かすカウンター

共にセネガル代表のシセとデンバ・バは、フィジカルとシュート決定力に優れた強力な2トップ。ボールを奪ったら素早くカウンターでスペースを突き、前線の飛び出しに連動して、ベン・アルファやグティエレスがボールに絡む。パーデューは難しい戦術を用いることはなく、バランスを大きく崩さず、シンプルな攻撃を好む。そのためにアタッカーの個の力に依存する割合は大きい。選手には闘争心を持ってプレーすることを求め、1シーズンで受けた警告は67回とリーグ3番目に多いが、退場は2回と少ない。うまく激しさをコントロールした。

Point!

リールから獲得したキャバイエが、プレーメーカーとして正確なパスを展開し、攻撃の起点となった。

Formation Case 02 | クリスタル・パレス (2015-16)

Basic Formation

強力な両ウイングが攻撃の目玉

2014-15シーズンの前半はニューカッスルで指揮を執り、後半はクリスタル・パレスへ移籍。新しいチームでは10位でフィニッシュしたが、異なる2つのチームでパーデューが得た勝ち点を計算すると8位に相当し、その手腕は高く評価された。フィジカルが強く、闘争心に満ちた肉厚のチームを作る傾向はニューカッスル時代と変わらず。ザハとボラシエの両ウイングは、「ロッベンとリベリーにも引けを取らない」と胸を張るパーデュー。やはり特定の個に依存する傾向は強く、チームとして成績が安定しないことは否めない。

フォーメション	[4-2-3-1] [4-4-2]
フリーキッカー	キャバイエ、パンチョン
ビルドアップ	カウンター、サイド突破
メイン攻撃	フリーキック、パワフルアタック、セットプレー
DFエリアの高低	高め

Special Formation

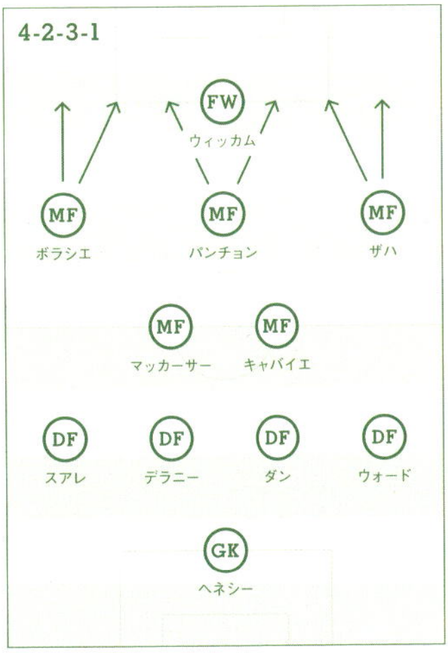

ゴール前へなだれ込むパワフルな攻撃

パリ・サンジェルマンからキャバイエを獲得し、気心の知れたMFにプレーメーカーを託したパーデュー。パンチョンは元々サイドアタッカーだったが、トップ下に移し、長身FWのウィッカムを頂点として、2列目がゴール前へなだれ込む。その圧倒的な迫力には、ビッグクラブのDFでさえも耐え切れず、決壊することが少なくない。そのため、力任せのパーデューのチームは勝ち点の取りこぼしが多い反面、ビッグクラブに強い側面がある。また、右足のキャバイエ、左足のパンチョンのセットプレーは非常に大きな武器だ。

Point!

メンバーの固定傾向が強いため、カップ戦を勝ち進むと、リーグ戦の負けが込むというジレンマがある。

現代サッカーのスターは、
チームだ

サッカー史上屈指の戦術家の一人
絶対的な管理サッカーを求める

Van Gaal
ファン・ハール

»監督になるまでの経歴、経緯、人物像

アムステルダムに生まれ、オランダのクラブでMFとしてプレー。1987年に引退すると、アヤックスのベーンハッカーの下でアシスタントを務め、1991年から監督へ。リーグ3連覇やCL制覇により名将として名を挙げた。その後はバルセロナ、オランダ代表、AZ、バイエルンを歴任。監督としてのポリシーが強く、どのクラブに行っても戦術の細かさ、選手の自由を否定する指導は変わらない。準備や采配の意図は明確だが、しばしば机上の空論となり、思った通りの現象がピッチで起きないこともある。結果重視でバランスを崩すことを嫌うため、選手はリスクチャレンジに動けず、こう着状態に陥る試合も多い。

»名試合

結果は残すものの、必ずと言っていいほどスター選手と衝突し、「自由を否定された選手はロボットのようだ」と揶揄されるファン・ハール。しかし、2回目のオランダ代表を率いた2014年W杯では、前回王者スペインを5-1で破るなどの躍進を果たしてベスト4に輝く。再び株を上げた。元来から若手を好むタイプであり、オランダ代表でもたくさんの若手を抜てきしたが、その理由は実に戦術家らしい。ベテランは色々な戦術の色に染まりすぎており、その経験による自由や即興を発揮されると、ファン・ハールの戦術浸透の妨げになる。スポンジのような若手を好むのは、戦術家がチーム作りをしやすいことが大きな要因だ。

育てた名選手

ジョゼップ・グアルディオラ／ファン・ハールは自分の解答以外を認めないが、なぜそれが正しいのかを明確にする。ボランチを2枚置く守備的な方針などに異論はあったが、バルセロナでの指導を通じて、グアルディオラは戦術を学んだ。

ダレイ・ブリント／父子共にファン・ハールの教え子。父ダニーは90年代にアヤックスで、息子ダレイは父がコーチを務めるオランダ代表で指導を受けた。ダレイはその後、マンチェスター・ユナイテッドでも師事。

天敵・ライバル

ジョゼ・モウリーニョ／バルセロナでは通訳兼コーチとして師事。戦術はもちろん、自分が絶対に正しいという自信が、大きな影響を与えた。互いに3冠をかけた2009-10のCL決勝では、インテルを率いてファン・ハールのバイエルンに勝利した。

ロナウド・クーマン／バルセロナでファン・ハールのアシスタントを務めた時は、良好な関係だったが、アヤックスの就任時に、テクニカル・ディレクターのファン・ハールと衝突。師弟関係は修復不可能に。

Formation Case 01 | オランダ代表(2014)

Basic Formation

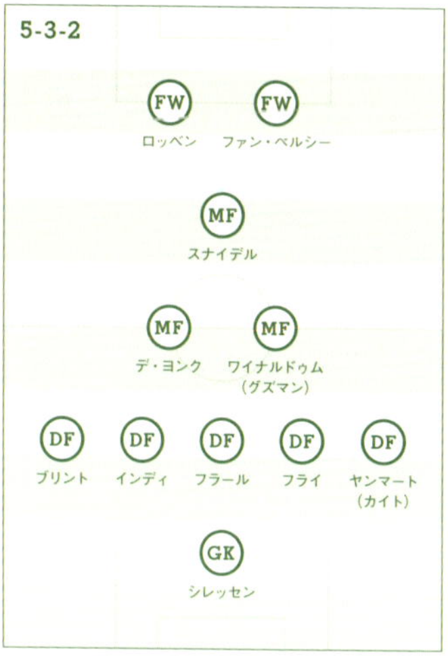

ハイラインカウンターの5-3-2

ファン・ハールはオランダ伝統の4-3-3を基盤に、多くの若手をテストしたが、本大会でベースになったのは5-3-2。酷暑への対応もあり、ポゼッション率が50%を切るカウンター戦術を選んだ。ポイントは最終ラインの高さ。5バックで幅をカバーしつつ、低く下がらない。自陣に深く押し込まれるとカウンターが困難になり、さらに3人しかいないMFが一方的に疲弊する。そこでラインを高く保って中盤をコンパクトにし、奪ったボールを2トップに直接入れるダイレクトカウンターを発動。見事スペインを5-1で破った。

フォーメーション	[5-3-2] [3-4-3] [4-2-3-1]
フリーキッカー	スナイデル、ロッベン、ブリント
ビルドアップ	カウンター、ワイドポゼッション、ロングパス
メイン攻撃	ドリブル突破、クロス、セットプレー
DFエリアの高低	高め

Special Formation

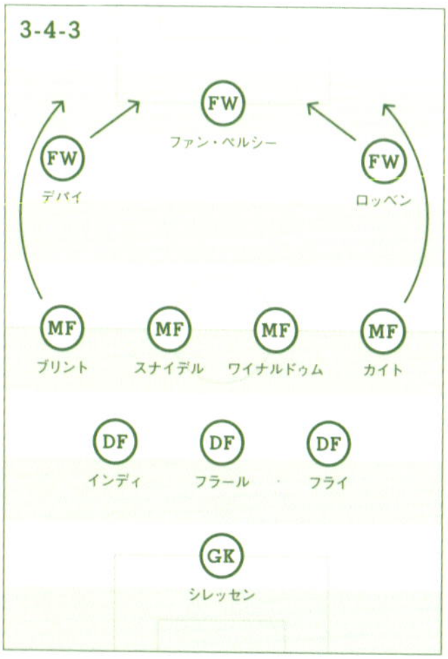

ポゼッションからサイドを崩す3-4-3

5バックでハイラインカウンターをねらうのは、オランダに限らず2014年W杯のトレンドだった。準々決勝で対戦したコスタリカもその一つであったので、ファン・ハールは2トップを3-4-3に変更。相手は中央に3枚のセンターバックが立ち、2トップのカウンターを防ぐ駒が揃っているため、サイドに狙いを定めた。ロッベンとデパイのドリブラーに、後ろからカイトとブリントが数的優位を作り、ポゼッションからサイドを突破。途中、4バックにも変更しながらボール支配を強め、カウンターを基本としつつも、相手に応じて多彩な戦術を見せた。

Point!

コスタリカ戦は圧倒しつつもPK戦にもつれたが、直前にGKシレッセンをクルルに代えた采配が当たり、勝利を収めた。

Formation Case 02 | マンチェスター・ユナイテッド(2014-15)

Basic Formation

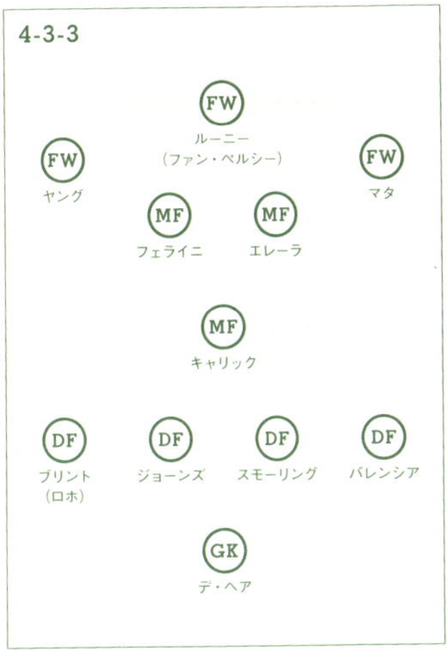

非対称で安定したビルドアップ

攻撃が無策であると揶揄されたモイーズが解任された後、夢の劇場にやってきたのはブラジルW杯で評価を高めた完全秩序のファン・ハールだった。当初はプレミアでは珍しい3バックを用いたが、浸透せず、次第に4バック中心へ。最終的にたどり着いたのが、この形だった。両サイドが非対称で、左ウイングのヤングは縦に仕掛けてクロス、右ウイングのマタは中へ入って縦パスを受けて展開。エレーラは下がってサポートすることが多く、フェライニは高い位置を取ってパスワークが詰まったときは、デ・ヘアからのロングパスを収めた。

フォーメーション	[4-3-3] [4-3-1-2] [3-5-2]
フリーキッカー	マタ、ルーニー
ビルドアップ	ポゼッション、ロングパス
メイン攻撃	クロス、サイド攻撃、スルーパス
DFエリアの高低	やや高め

Special Formation

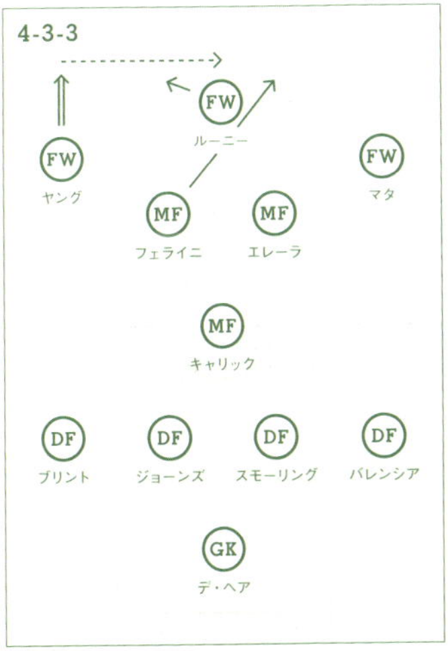

デザインされたクロス3点連係

左ウイングのヤングがクロスを上げる状況にたどり着いたとき、ルーニーはニアサイドへ走り込み、入れ替わってフェライニがファーサイドへ流れ、マタやエレーラはマイナスのクロスに走り込む。突破力のあるヤングが1対1に勝てるため、クロスからの3点コンビネーションは非常に効果的だった。特に長身のフェライニは多くのハイボールに競り勝ち、ゴールを挙げている。ファン・ハールにデザインされた攻撃戦術がうまく現れた。その反面、ルーニーはいつもニアで潰れ役になり、トップ下に比べると損な役回りだった。

Point!

250億円を投じて大型補強を行ったが、目玉のディ・マリアやファルカオは機能せず、1シーズンで退団した。

「敗戦の後には2つの道がある。
逃げるか、戦うかだ」

その手腕は"マジック"
フィジカルと戦術分析が起こす奇跡

Guus Hiddink

フース・ヒディンク

≫監督になるまでの経歴、経緯、人物像

オランダ1部で活躍したMF。現役時代に体育教師の資格を取り、精神的に問題を抱える生徒の特殊学級を、プロ選手との兼任で10年以上担当した。1982年に引退し、指導者の道へ進み、87年にPSVの監督へ。リーグ3連覇、チャンピオンズカップ優勝とトレブル（3冠）を成し遂げ、大きく評価を高めた。90年代はスペインリーグを中心に監督を務めるも、華々しい実績は残せず。その後、2001年に就任した韓国代表ではW杯ベスト4、2006年オーストラリアをW杯ベスト16、2008年ロシアは欧州選手権ベスト4と、前評判の低いチームを率いてサプライズを起こす手腕から「ヒディンク・マジック」と称賛された。

≫名試合

2008年欧州選手権は、予選の最終節でイングランドを逆転。強豪国を叩き落とし、グループ2位で出場を決めた。本大会は初戦でスペインに1-4と大敗を喫し、苦しいスタートとなるも、「敗戦の後には2つの道がある。逃げるか、戦うかだ」と選手に問いかけ、続くギリシャ、スウェーデンに2連勝でグループ突破。そして準々決勝で対戦したオランダは、3戦全勝でグループ突破を決めた優勝本命チームだったが、母国の癖を知り尽くしたヒディンクは、得意の戦術分析でオランダを丸裸に。3-1で完勝した。準決勝は再びスペインに0-3と為す術もなく敗れるも、"マジック"は大きなインパクトを残した。

育てた名選手

パク・チソン／無尽蔵のスタミナを誇ったMF。2000年にヒディンクに見出されて韓国代表へ。日韓W杯後はヒディンクが就任したPSVへ移籍し、その後はマンチェスター・ユナイテッドで7シーズン活躍した。

アンドレイ・アルシャビン／ゼニトで育った攻撃的MF。2008年予選で暴行により退場し、本戦2試合が出場停止に。ヒディンクはキャプテンの座を取り上げたが、オランダ戦の勝利で世界的に評価を高めアーセナルへ移籍した。

天敵・ライバル

ルイス・アラゴネス／2度完敗したスペインの指揮官。マジックの基本は相手の弱点を突くことだが、スペイン代表には隙がない。ポゼッションに長け、ゲーム支配が巧みなチームを苦手とした。

マルチェロ・リッピ／2006年W杯決勝トーナメント1回戦で敗れた、イタリアの指揮官。10人になった相手を攻め立てたオーストラリアだが、バランスを重視し、守備的なゲーム支配で安定したリッピ戦術を崩し切れず。終了間際のPKに涙を呑んだ。

Formation Case 01 | オーストラリア（2006）

Basic Formation

奥行きをうまく利用した日本戦

W杯日本戦はヒディンクの戦術が的中。裏への飛び出しやサイドに流れる動きが得意な高原と柳沢の2トップを、オーストラリアは屈強な3バックでスペースを消し、封じた。仮に日本が1トップで、2列目に人数をかけて両サイドから攻めていれば、オーストラリアにとっては脅威だったが、日本は2トップへの単純な縦パスが基本であり、3バックで抑えることに苦労はなかった。逆に、日本の3バックに対しては、ヴィドゥカを最前線に置き、少し下がった位置でキューウェルが足下にボールを呼び込む。縦の奥行きを使う攻撃で日本を揺さぶった。

フォーメション	[3-5-2] [3-4-3] [4-4-2]
フリーキッカー	ヴィドゥカ、ブレシアーノ、キューウェル
ビルドアップ	ロングボール、2列目への縦パス
メイン攻撃	クロス、セットプレー
DFエリアの高低	低め

Special Formation

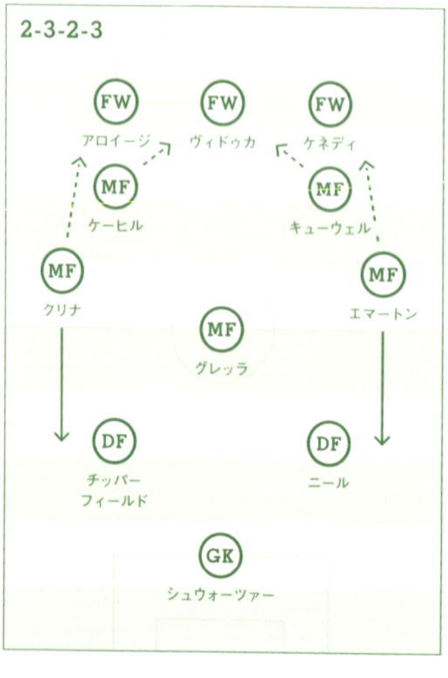

パワープレーで日本を圧倒

押し気味に進めたオーストラリアだが、中村のFKで先制を許すと、後半に奥の手を発動。DFムーアに代わり、サプライズ招集となった194㎝の長身FWケネディを投入し、3トップへ。日本の3バックに屈強な3トップをぶつけ、空中戦を仕掛けた。さらに終盤にはMFウィルクシャーを削り、長身FWアロイージを投入。ゴール前に5人をなだれ込ませるパワープレーにより、終了間際の10分で3点を奪って逆転勝利を収めた。ヒディンクは、W杯直前の合宿でパワープレーのトレーニングに多くの時間を割いた。それがマジックの正体だ。

Point!

パワープレーに対し、日本は空いた中盤のスペースを使うために小野伸二を投入したが、全く思った通りにはいかなかった。

Formation Case 02 ｜ ロシア（2008）

Basic Formation

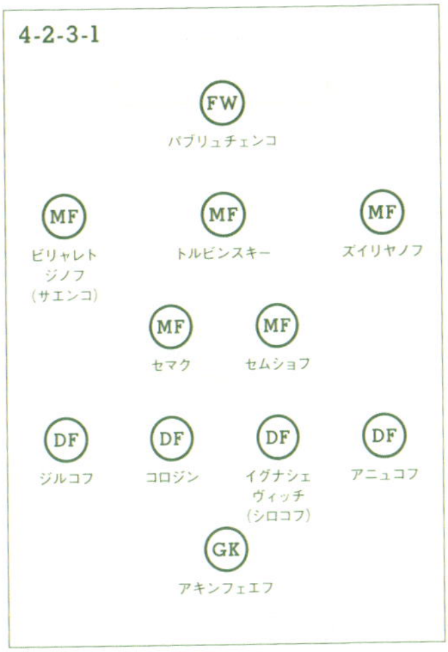

アグレッシブなロシアの秘密

ヒディンクのロシアが特に目を引いたのは、90分間アグレッシブにオーバーラップやワンツーで飛び出し続ける運動量だった。元々ロシアは90分の中で波がなく、体力をセーブしながら戦う癖があったが、ヒディンクはコーチのフェルハイエンと共にフィジカルの最適化に取り組み、ロシアが前半から爆発力を出せるようにトレーニングを施した。逆に2002年の韓国の場合は、最初から飛ばしすぎて60分過ぎにガクッと落ちる傾向があったため、持続力に焦点を当てた。サッカーに適したフィジカルの強化は、ヒディンク・マジックの基盤だ。

フォーメション	[4-2-3-1] [4-4-2]
フリーキッカー	ジルコフ、コロジン
ビルドアップ	カウンター、サイド突破
メイン攻撃	スルーパス、オーバーラップ、ワンツー
DFエリアの高低	高め

Special Formation

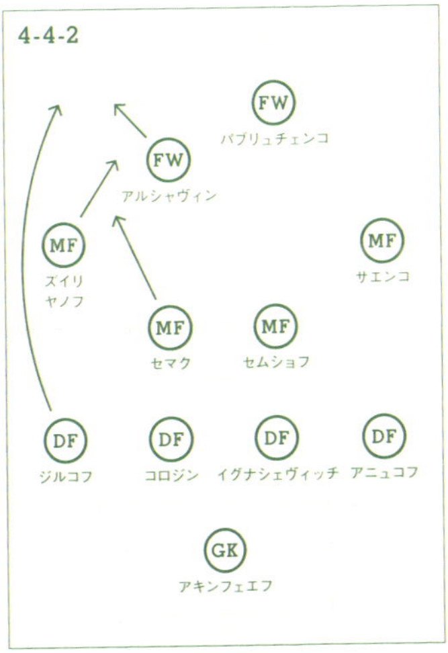

オランダをワンサイドへ追い込む

準々決勝で延長戦の末、オランダを3-1で破った偉業も、戦術分析がベースとなった。オランダの右サイド、ブラルーズとカイトは守備的な組み合わせだったため、あえてブラルーズにボールを持たせ、相手の攻撃を詰まらせた。そして後半、オランダがこの2人に代えてハイティンハ、ファン・ペルシーを投入して右サイドのテコ入れを図ると、すぐにその裏を突く攻撃へ。復帰したアルシャヴィン、攻撃的サイドバックのジルコフを中心に左サイドを駆け上がり、ファン・ペルシーの背後をひたすら突き、3ゴールを奪って快勝した。

Point!

ロシアのロナウジーニョと呼ばれたジルコフは、元々サイドハーフだったが、ヒディンクがコンバートし、秘策として用いた。

監督である以上、チームに対して
“ゴールポストを叩くシュートを
5度食らってもいいから勝て”
などと言えるはずがない

超攻撃的4-3-3の先導者
無冠でも影響力はワールドクラス

Zdenek Zeman

ズデネク・ゼーマン

≫監督になるまでの経歴、経緯、人物像

チェコのプラハ生まれ。サッカー選手として大きな活躍はないが、バレーボール、ハンドボール、野球、水泳など多種目をプレーした。1968年に元サッカー選手の叔父、ヴィツパーレクを頼ってパレルモへ移住し、叔父の影響を受けてサッカーの監督へ。最も脚光を浴びたのはフォッジャ時代だ。小さなクラブを超攻撃サッカーでセリエAへ昇格させ、数シーズンの残留に成功。94年にラツィオに引き抜かれ、97年には同じ街のローマへ禁断の移籍。攻撃哲学を貫くため、チームと複数年の契約をしない方針であり、以降は多くのチームを渡り歩いた。タイトル獲得は無いが、その哲学は多くの指導者に影響を与えている。

≫名試合

ゼーマンはプラハ大学でフィジカルを学び、当時はサッカーよりも先進的だった陸上などのメソッドを導入した。その結果、90分間のハードワークが求められる超攻撃スタイルの中で、選手は終盤になっても動きが落ちず、試合をひっくり返すことが度々あった。その一つが、1998-99シーズンのローマダービーだ。1994年以来ラツィオに勝利がないローマは、後半20分に退場で10人になり、1-3と差を付けられて終盤へ。しかしローマはトッティの活躍で立て続けに2ゴールを奪い、3-3に追いついた。選手が退場しても守備の選手を入れず、狂ったように前へ出るゼーマンの哲学は、多くの指導者に影響を与えている。

育てた名選手

ディ・ビアージョ／フォッジャ時代からの教え子。ゼーマンに見出されて活躍し、ローマに引き抜かれた。その後はイタリア代表でも守備的MFとして活躍し、98年W杯にも出場。準々決勝フランス戦で5人目のキッカーとしてPKを外した。

フランチェスコ・トッティ／古くはシニョーリ、最近ではインシーニェ、ヴチニッチ、インモービレなど、ゼーマンが育てた選手は枚挙に暇がない。その中でも特級品と言えるのがトッティだ。ハードなトレーニングで豊かな潜在能力を引き出した。

天敵・ライバル

ルディ・ガルシア／自身の後任としてローマを率いたルディ・ガルシアを「ゴールを奪うことより、ポゼッションを増やすことに集中している」と批判した。

チェーザレ・プランデッリ／ブラジルW杯で敗退したイタリア代表を「動きが少ない」と切り捨てた。「サッカーはムーブメントのスポーツ。相手以上に走ることで利点を見つけ出せる。イタリアはどのチームにもそれが劣る」と批判している。

Formation Case 01 ｜ ラツィオ（1995-96）

Basic Formation

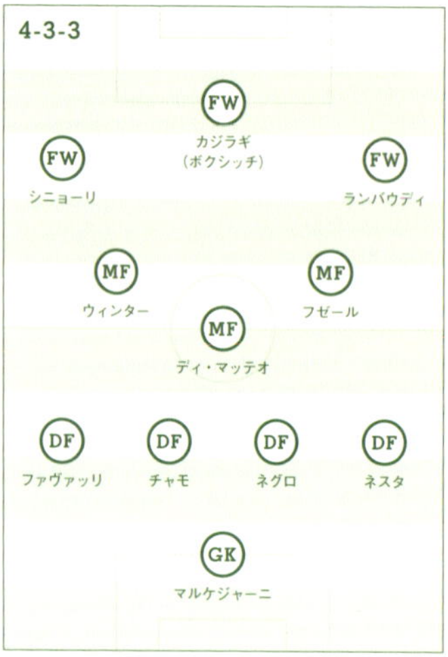

スタート成功も後半に失速

94年の就任直後にラツィオを2位に導く。タイトルが期待される翌シーズンも戦力を保持して臨んだ。序盤はユヴェントスを4-0で破るなど順調だったが、後半戦にかけて大失速し、3位で終わった。ゼーマンが無冠に留まる理由はいくつかある。その一つは、強敵にも格下にも同じサッカーをやり、対戦相手に合わせないこと。試合中も時間帯によるサッカーの変化を好まず、同じ理想を追い続ける。また、陸上の知を利用したフィジカルトレーニングは大きなピークを生み出す反面、1年を通して波が大きすぎるのも、リーグ戦ではデメリットだった。

フォーメーション	[4-3-3]
フリーキッカー	シニョーリ
ビルドアップ	サイド中心、ショートカウンター
メイン攻撃	飛び出し、サイドバックのオーバーラップ
DFエリアの高低	高い

Special Formation

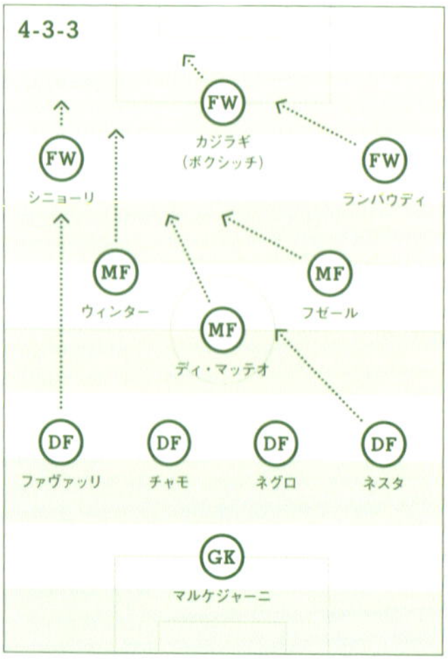

唯一無二の4-3-3主義

ゼーマンは4-3-3を最前線から相手を追い詰めるための理想的なシステムと考え、一貫して採用する。ピッチにバランス良く選手を配置できるため、漏れなく相手を捕まえやすい。一方、4-4-2の守備ブロックは、ある程度のラインの高さで相手の縦パスを待ち構える戦術においてバランスが良い。しかし、ゼーマンのようにハイプレスでボールを狩ることを前提とする場合、4-4-2ではサイドバックへのアプローチが遠くなるため、4-3-3が合理的と言える。チームやメンバーにかかわらず、一貫して採用している。

Point!

勝利至上主義のイタリアで、結果度外視のゼーマンが根強く支持されたのは、時代の主流に対するアンチテーゼとも言える。

Formation Case 02 | ローマ（1997-98）

Basic Formation

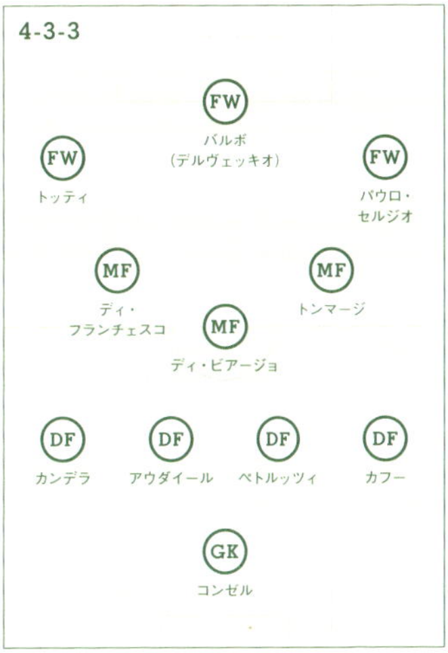

一貫した哲学が多くの門下生を生む

ゼーマン式の4-3-3は、ほぼ2バック状態になり、ボールの周囲をギュッと圧縮して高い位置で囲い込むのが特徴的だ。全く同じアイデアではないが、グアルディオラやクロップが行うカウンタープレスも、2バックを残して他の選手でボールを囲い込む。それにはアスリート能力が不可欠であり、ゼーマンが目指したフィジカルと攻撃戦術の一体化は理にかなっていた。ビエルサにも共通するが、ゼーマンは結果を残さず、アイデアと門下生を残す。クライフやサッキも同じタイプだ。知名度ほどの結果はないが、影響力がずば抜けている。

フォーメーション	［4-1-4-1］［4-3-3］［4-2-3-1］［3-4-3］
フリーキッカー	トッティ
ビルドアップ	ポゼッション志向。ショートパスを繋ぐ
メイン攻撃	中央メインだが、サイドからのクロスも
DFエリアの高低	高い。前線から積極的にプレスを行う

Special Formation

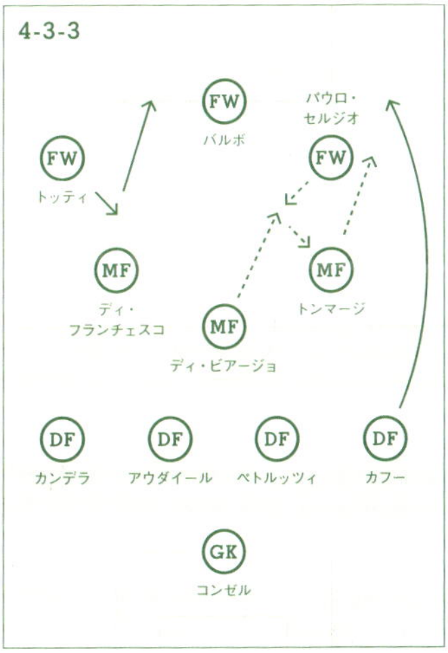

コンビネーションから裏を突く

攻撃は個人の力よりも、コンビネーションによる突破を志向する。代表的なパターンは、相手サイドバックを引きつけて、その裏を突くもの。両ウイングが中へ入る動きで、相手サイドバックを釣り出し、ポストプレーから味方のサイドバックが飛び出す。あるいはウイングがポストプレーと見せかけ、反転して直接的に飛び出すプレーも効果的に作用した。ゼーマンのサッカーは、膨大なパターンを選手にプログラミングすることが特徴的だ。ザッケローニも日本代表を指揮したとき、同じようにコンビネーションのパターンを仕込んでいた。

Point!

選手個人を褒めることが少ないゼーマンだが、心技体すべてを兼ね備えたトッティを手放しに称賛していた。

最もシンプルなスポーツであるサッカーを、
我々は極限までシンプルにプレーする

『ゼロトップ』の育ての親
不退転の決意で自らの戦術を貫く

Luciano Spalletti

ルチアーノ・スパレッティ

»監督になるまでの経歴、経緯、人物像

主にセリエC1（3部）でプレーした凡庸な守備的MF。引退後はエンポリで指導を始め、1995年にトップの監督へ。チームを3部からセリエAに昇格させた手腕が評価され、1998年に名門サンプドリアへ栄転。ところが、1シーズンでセリエBに降格して解任されると、翌シーズンも名波浩が所属したヴェネツィアで就任と解任を2度繰り返すクラブの混乱に巻き込まれ、またもセリエB降格。泥にまみれた状態から復活したのは、2002年に就任したウディネーゼだった。3-4-3で限られた手駒を生かし、リーグ3位に躍進。その後はローマ、ゼニトで中期政権を築き、安定した高評価を得ている。

»名試合

2005年に就任したローマでは、コパ・イタリアを2連覇。スクデット（リーグ優勝）こそ叶わなかったが、3シーズン連続の2位でCL出場権を保持。2007-08シーズンのCL決勝トーナメント1回戦では、レアル・マドリードを2戦共に破り、合計4-2で勝利。その後、優勝することになるマンチェスター・ユナイテッドに敗れて2季連続のベスト8に留まったが、スパレッティ率いるローマのカウンターはユナイテッドを恐れさせ、自陣へのリトリートを余儀なくさせた。それでもローマが守備ブロックを打ち破ってチャンスを量産する様子は痛快だったが、決定機を外し続けると、最後はロナウドとルーニーに試合を決められた。

育てた名選手

ロドリゴ・タッデイ／スパレッティの抜てき以来、ローマで9シーズン活躍。両足の技術、飛び出し、巧みなフェイントが魅力。マンシーニと共にサイドバックをこなす守備と運動量で、チームの両翼を担った。

フランチェスコ・トッティ／スパレッティのゼロトップ戦術で、トッティのキープ力が輝きを放った。加齢により運動量が低下しても、ベテランの技術と戦術は錆びない。この名選手のキャリアを伸ばした一つの要因は、スパレッティの起用法にある。

天敵・ライバル

ロベルト・マンチーニ／低迷中のローマを2位に引き上げたスパレッティだが、その上には常にマンチーニのインテルがいた。豪華なタレントを率いる対照的な指揮に、敬意を表しつつも、「髪の毛以外にうらやましいものはない」とお洒落にチクリ。

カルロ・マッツォーネ／2016年、スパレッティは、チームの規律のためにトッティ外しへ。しかし、人心掌握に長け、選手を大事にする元ローマ監督のマッツォーネは、スパレッティのやり方を痛烈に批判している。

Formation Case 01 ローマ (2005-06)

Basic Formation

従来の常識を覆す『ゼロトップ』

評価を高めたウディネーゼでは3-4-3が代名詞となったが、ローマでは4-2-3-1を採用。従来のシステム観に合わせず、攻撃的MFのトッティをセンターフォワードに、運動量のあるハードワーカーのペロッタをトップ下に置き、自身が考えるローマのベスト布陣『ゼロトップ』を編み出した。1998年のサンプドリア時代、スパレッティは選手個人の都合やわがままを聞きすぎ、監督として多くの妥協をした苦い過去がある。以来、チームの規律以上のものは存在しないと、断固たる姿勢でスタイルを貫いている。

フォーメション	[4-5-1]
フリーキッカー	トッティ、キブ
ビルドアップ	カウンター、トッティ中心のポゼッション
メイン攻撃	2列目&3列目の飛び出し、サイド突破
DFエリアの高低	やや高め

Special Formation

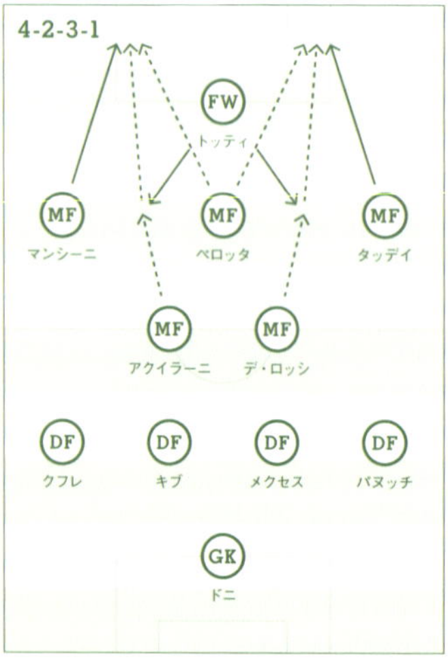

2列目の運動量がキーポイント

最前線に留まらず、中盤へ下がるトッティへの縦パスが攻撃の起点となる。それに合わせて両翼とトップ下が飛び出し、トッティから裏のスペースへパス。トッティのキープ力と2列目の運動量を生かし、ひと手間かけた縦に速い攻撃が戦術のベースだ。仮に厳しくマークされてチャンスメークが不可能ならば、トッティのポストプレーから、ペロッタやダブルボランチが展開する。次第に相手が引いてカウンターに対応する様子を見せたら、トネット、シシーニョら攻撃的なサイドバックを使い、戦術的な幅と成長性を見せた。

Point!

展開力に長けたアクイラーニとデ・ロッシが時折見せる、3列目からの飛び出しも、良いアクセントになった。

Formation Case 02 ｜ ゼニト（2011-12）

Basic Formation

個の力依存から組織型チームへ

ゼニトに限らず、ロシアリーグでは個の力に依存する放り込みサッカーの傾向が強かったが、スパレッティはそれを覆し、ボールを大事にするコンビネーション型のチームを作り上げた。サンプドリア時代の苦い経験のためか、タレント性のある選手の獲得を希望せず、現有戦力の中から長所を見出し、新しい戦術として組み上げることを好む。システムもこれと決めた形はなく、選手に合わせてチョイスしたため、戦術家でありながら、優れた選手を戦術の犠牲にすることはない。ゼニトに2冠をもたらし、CLもベスト16に到達した。

フォーメーション	[4-3-3] [4-2-3-1]
フリーキッカー	ダニー、ファイズリン
ビルドアップ	ダニー中心の流動的なポゼッション
メイン攻撃	サイド突破、クロス
DFエリアの高低	やや低い

Special Formation

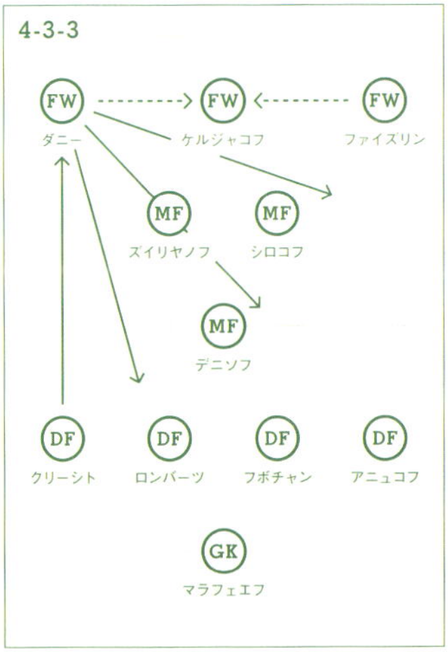

最適解はゼロウイング

ポゼッションの目的は、ゴールへ向かうスペースの創出にある。そのためにスパレッティは技術のある選手を動かし、狭いエリアで数的優位を作って、相手がボールを奪おうとするタイミングで、一気に広いスペースを突く。ローマではトッティが中心だが、ゼニトでは技巧派MFダニーがその役割を務めた。左ウイングから離れてピッチを動き回る『ゼロウイング』でポゼッションの中心となり、空いたサイドへクリーシトらが飛び出す。1トップのケルジャコフはゴール専門のストライカーであり、彼の得点能力を生かすことにもつながる。

Point!

CL決勝ラウンドのベンフィカ戦を前に、鍵を握るダニーが右膝前十字靭帯断裂で離脱。不幸に襲われたゼニトは敗退した。

José Mourinho

ジョゼ・モウリーニョ

Column 3

サッカーを変えた男

システマチック戦術を変革

サッキが組み立てたゾーンプレッシングは、選手が約束事に従って動く、システマチックな戦術だ。その手順を浸透させるトレーニングは、ロープでお互いを結び、プレッシング、スライド、カバーリングなどの動き方を機械的に反復する、ボールを使わないメニューが自然と多くなった。

同時に、その戦術的な動きを出来るだけ速く、高負荷で繰り返すことが望ましい。そのためにフィジカルも、陸上など他競技のメソッドを参考に、より科学的に計算されたランニングやマシントレーニングが行われるようになった。これらは90年代から爆発的に流行したトレンドだ。

この流れを激変させたのが、2003-04シーズンにポルトを指揮してチャンピオンズリーグを制した、ジョゼ・モウリーニョだった。

「ピアノの名手が、練習のためにピアノの周りを走ったりするのだろうか？腕を磨くためには、ピアノを弾くのだ。同じく、サッカーの名手になるための最善の練習方法も、サッカーをすることに他ならない」

モウリーニョのフィジカルコーチ、ルイ・ファリアの出身であるポルト大学のフラーデ教授が提唱した『戦術的ピリオダイゼーション』によると、サッカーの本質とは、カオス（混沌）とフラクタル（自己相似性）である。つまり、サッカーは複雑かつ不規則であり、一つの場面を技術だけ、フィジカルだけと切り分けて考えることができない。

複雑なものは、複雑なままで理解するべき。技術も戦術もフィジカルもメンタルも、サッカーの中で包括的に伸ばすのがベストだと。そのためにモウリーニョの練習は、リハビリプログラムを除けば、すべてがボールを使ったメニューで構成される。

戦術やフィジカルといった部品に切り分け、機械的に鍛える従来のメソッドは否定された。実際、戦術とフィジカルに重点を置きすぎたイタリアの育成は、技術や創造性のある選手を生み出せず、深刻な問題を抱えることになった。

サッカーは、サッカーをすることで巧くなる。現代サッカーでは、モウリーニョが広めた考え方が一般的になっている。

左上／練習時に指示を出すモウリーニョ　右上／交替した選手にねぎらいの言葉をかける　下／勝利後は、自然と監督の周りに輪ができる

Chapter 4

新進気鋭

サッカーの世界は日進月歩。
昨日まで常識と考えられていたことが、ある日を境に、非常識に変化する。
学びを止めた監督に未来はない。昨今の欧州では、
現代サッカーの常識を勤勉に身に付けた若手監督の活躍が目立つ。
いずれ名将入りするかもしれない、7人の新進気鋭の監督を選り抜いた。

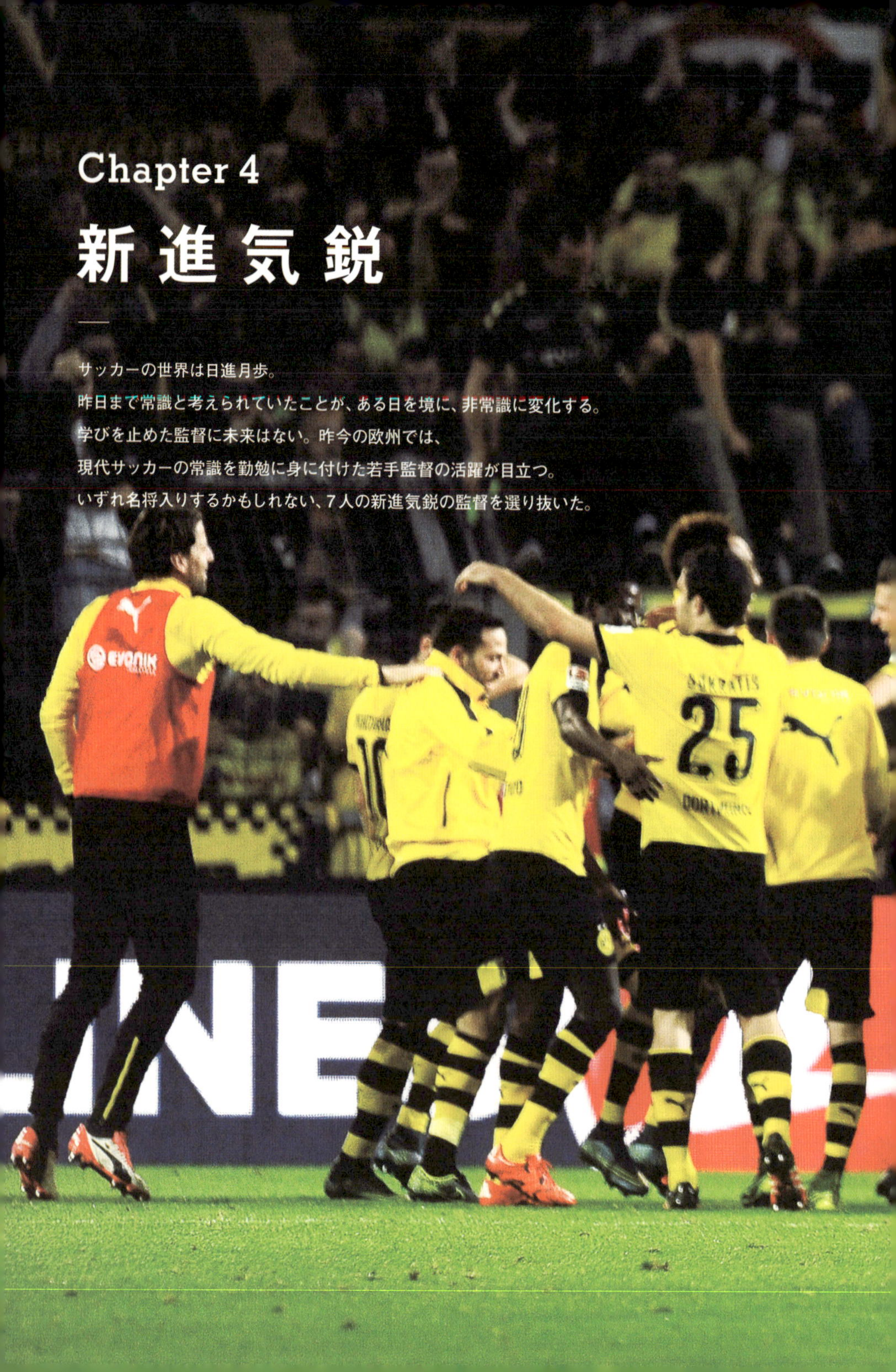

Promising Future

Mauricio Pochettino

Roger Schmidt

Thomas Tuchel

André Villas Boas

Roberto Martínez

Robert Blanc

Brendan Rodgers

クラブの誇りを守るために
すべてを捧げる

努力と根性のモチベーター
巨大な背番号は抜てきの証

Mauricio Pochettino

マウリシオ・ポチェッティーノ

≫監督になるまでの経歴、経緯、人物像

アルゼンチン代表として2002年W杯に出場したDF。1994年に欧州へ渡り、エスパニョール、パリ・サンジェルマンなどでプレー。2006年に引退した。監督としては2008 - 09シーズンの途中、最下位に低迷していた古巣エスパニョールで初めての指揮。終盤で8勝1分け1敗と驚異的な巻き返しを見せ、10位でフィニッシュ。数シーズン率いた後、2013-14シーズンにプレミアリーグへ舞台を移し、サウサンプトンを8位へ導くと、その手腕が認められ、翌シーズンからトッテナムに就任。リーグ屈指の運動量を生かしたハイプレスとポゼッション戦術を組み合わせ、魅力あるチームを作っている。

≫名試合

初めて指揮を執った低迷中のエスパニョールで巻き返しのきっかけを作った試合が、2008-09シーズン第24節のバルセロナ戦だった。グアルディオラの下で順調に再構築を始め、同シーズンに3冠を果たすことになるダービーのライバルに対し、デ・ラ・ペーニャの2ゴールで勝利。それ以来、7シーズンに渡ってエスパニョールはバルセロナに勝っておらず、まさに快挙と言える。この勝利がチームに自信と闘争心を与え、堅守とカウンターでチームを立て直すことに成功。堂々の10位で残留を果たした。ポチェッティーノは戦術だけでなく、モチベーターとして優秀であり、選手本来の力を引き出すことに長けている。

育てた名選手

ハリー・ケイン／『ハリケーン』の異名を取る若きストライカー。ポチェッティーノに抜てきされ、2014 - 15シーズンは21得点と爆発。翌シーズンも、それが真の実力であることを裏付ける活躍を続け、イングランド代表に新しい風を吹き込んだ。

ダニー・オズバルド／味方や相手を殴ったり、サポーターと揉めたり、暴力事件だらけの問題児FW。エスパニョールで初の2ケタ得点を挙げたが、サウサンプトンに連れてくると、練習中にフォンテを殴り、停職処分に。恩を仇で返した。

天敵・ライバル

アーセン・ヴェンゲル／同じロンドンをホームとするライバル監督だが、ポチェッティーノは舌戦を仕掛けない。「アーセンは偉大だ。18年も指揮を続けるのは簡単ではない。心から尊敬しているし、私もそうありたい」と褒め殺している。

ジョゼ・モウリーニョ／ポチェッティーノはメディア上で口撃を仕掛けたり、挑発をしたりすることがほとんどない。敵ばかりを作るポルトガル人とも互いをリスペクトした。

Formation Case 01 | エスパニョール（2009-10）

Basic Formation

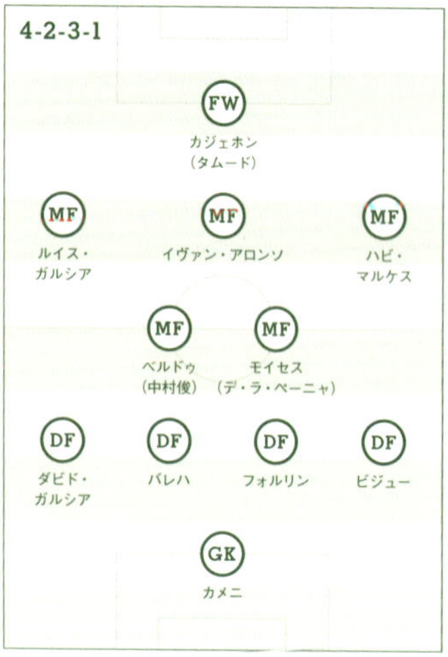

綿密に計算された"苦行"

ポチェッティーノは選手にハードトレーニングを課すことで知られている。シーズン前の合宿は3部練習が当たり前だ。サウサンプトン時代には熱した炭の上を歩く鍛錬に、スタッフを含めた全員で取り組み、困難を乗り切る屈強なメンタルと、チームとしての結束力を高めた。そうやって心身共に限界までストレスを与え、鍛え抜いた強さをシーズンで発揮する。古臭い軍隊式のトレーニングにも思えるが、練習中はシャツにGPSを仕込んで動きを計測し、分析結果をiPadで選手にフィードバックするなど、実は綿密に計算されている。

フォーメション	[4-2-3-1]
フリーキッカー	ルイス・ガルシア、中村俊輔、デ・ラ・ペーニャ
ビルドアップ	ポゼッション、カウンター
メイン攻撃	サイドからカットイン、クロス
DFエリアの高低	やや低め

Special Formation

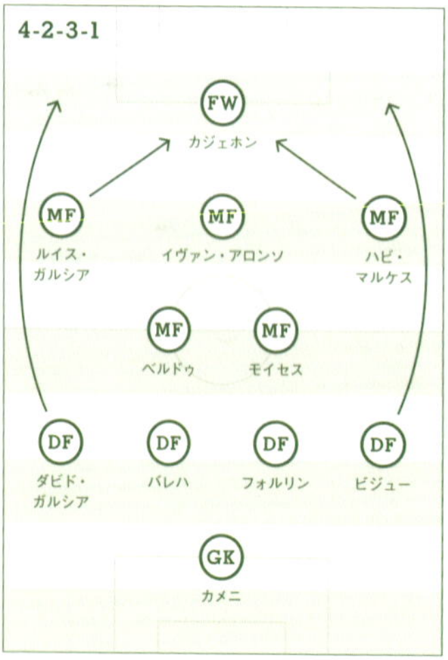

戦術的に迷走した2年目の指揮

戦術的にはポチェッティーノに大きな独自性はない。好むシステムは4-2-3-1。緊急登板となった初シーズンは堅守速攻で結果を出したが、本来は最後尾からポゼッションし、ハイプレスで相手を追い詰める攻撃的なスタイルを志向する。2年目に選手を入れ替えて本格的に着手したが、遅攻から相手の守備を打開する方法論に欠けており、ボールを回すだけでカウンターを食らう要因になった。その後はスタイルが二転三転し、チームが迷走。シーズン前に急性心筋梗塞で亡くなったキャプテン、ハルケの影響も大きかった。

Point!

当初はスタメンで出場した中村俊輔だが、チームに適応できず、出場機会を減らし、シーズン途中にJリーグ復帰が決まった。

Formation Case 02 | トッテナム（2014-15）

Basic Formation

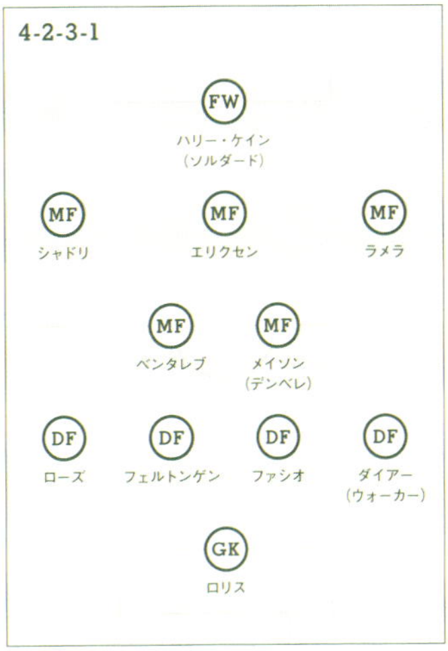

勇敢に若手を抜てきする哲学

ハードトレーニングに並ぶ、ポチェッティーノの最大の特色は、若手の抜てきだ。エスパニョール時代には1シーズンで25人をトップチームにデビューさせ、それはサウサンプトンやトッテナムでも変わらない。背番号が30番台、40番台の選手がスタメンに並ぶことも当たり前だ。平均年齢も20代前半に一気に若返り、優秀な育成組織を持っているトッテナムやサウサンプトンとの相性は抜群だった。若手はとんでもないミスを犯す可能性がある。しかし、それはポチェッティーノにとっては哲学であり、抜てきに迷いはない。

フォーメーション	[4-2-3-1]
フリーキッカー	エリクセン
ビルドアップ	ポゼッション、カウンター
メイン攻撃	飛び出し、スルーパス、コンビネーション
DFエリアの高低	高め

Special Formation

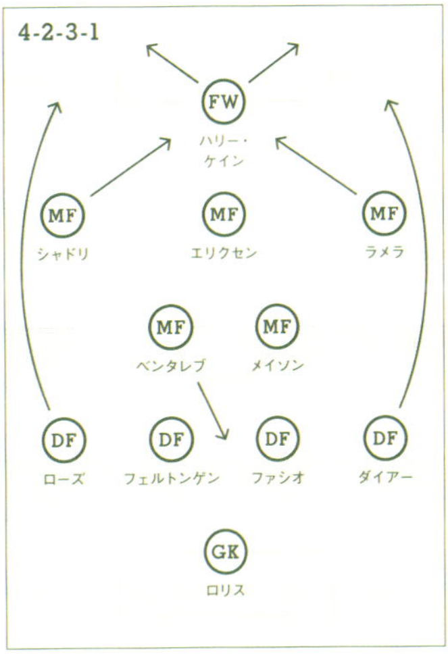

現代サッカーのオーソドックス戦術

あまり多くのシステムを使い分けるタイプではなく、戦術もオーソドックスだ。ポゼッションはボランチの1人が下がり、両サイドバックを押し上げる形をよく用いる。そして、両サイドハーフは利き足とは逆サイドに置き、中へカットインして利き足を使いやすくする布陣。現代サッカーでは一つのセオリーと言える。オフシーズンに鍛えた走力を生かして高い位置からプレッシングを行い、ディフェンスラインを高く設定する。リーグ随一の走り屋と評されるチームであり、アグレッシブなサッカーを展開している。

Point!

若手を抜てきする反面、出場機会を失ったレノン、カブール、サンドロ、ホルトビーなど実績派を大量放出している。

私は相手のことばかり考えるのが好きではない。
我々は自分たちのプランを持ち、
その中で勝負することを試みる

超攻撃的スタイルの指揮官
パワープレスで相手を叩きのめす

Roger Schmidt

ロジャー・シュミット

≫監督になるまでの経歴、経緯、人物像

ドイツ下部リーグで守備的MFとしてプレーし、2004年から指導者の道へ。下部リーグで指導経験を積んだ後、2012年に『戦術の先生』と呼ばれるラングニックがSD(スポーツディレクター)を務める、オーストリアのザルツブルクを指揮。ラングニックが提唱する『8秒ルール』、すなわちボールを奪ったら8秒以内にフィニッシュする攻撃的サッカーを浸透させ、2013-14シーズンはリーグとカップの2冠を達成。リーグ8試合を残しての優勝決定、ホーム32試合無敗といった新記録も付き、「オーストリア史上最強のチーム」と称賛された。この実績が認められ、14-15シーズンからレヴァークーゼンの監督に就任している。

≫名試合

2013-14シーズンの冬期中断中、ザルツブルクはグアルディオラ率いるバイエルンと親善試合を行った。公式戦ではないとはいえ、圧倒的なプレッシングがハマり、3-0でバイエルンに完勝。そのスタイルに驚いたグアルディオラは、「これほどインテンシティ(強度)の高いサッカーは見たことがない」「我々にとって非常に良い経験だった。ファンにとっても、サッカーにとっても良い」と絶賛した。ドイツで話題の中心となっていたカタルーニャ人の言葉だけに、シュミットの手腕が否応なくクローズアップされることに。オーストリア2冠のタイトルだけなら、ここまでドイツ中から注目されることはなかった。

育てた名選手

ホナタン・ソリアーノ／バルセロナの下部組織で育ったが、トップチームでの出場機会はなし。2012年にザルツブルクへ移籍すると、シュミットの下で開花。キャプテンも任され、主軸として活躍している。

ケヴィン・カンプル／シュミットのザルツブルクで活躍し、2014-15シーズンはドルトムントへ。しかし、評価は得られず、翌シーズンはカンプル自身が下部組織で育てられたレヴァークーゼンへ移籍。再びシュミットの下でプレーすることになった。

天敵・ライバル

ペップ・グアルディオラ／グアルディオラがバイエルンで作り上げたポゼッションとカウンタープレスを両立させた質の高いチームは、シュミットにとっても理想と言える姿だった。

ユルゲン・クロップ／常に得点を入れること、ゴールを目指して攻撃的にプレーするという欲求が具現化した、プレッシング重視のスタイルは、クロップにも似ている。シュミットの印象は物静かでクロップとは異なるが、攻撃性を内に秘める。

Formation Case 01 | ザルツブルク (2013-14)

Basic Formation

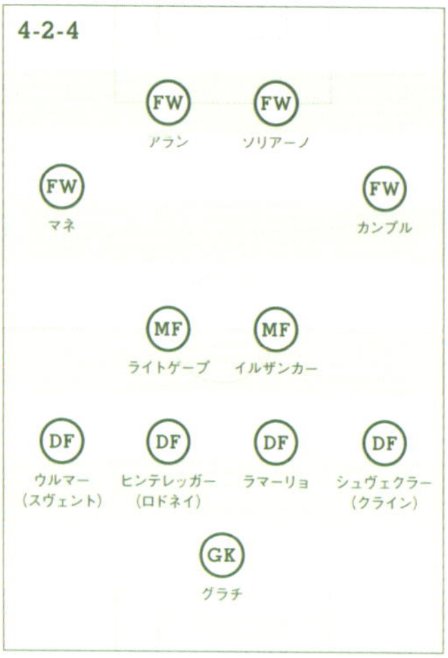

キーワードは前進

愚直なまでにゴールへ前進するスタイルを好むシュミットが忌み嫌うプレーは、ゴールに関連しないバックパスや横パスだ。ポゼッションは全く重視しておらず、ロングボールを蹴り込むことも厭わない。それが効果的であるのは、単なる放り込みではなく、前進を伴っているからだ。ロングボールの落下地点に全体を前進させて密集を作るため、いわゆる『フィフティ・フィフティ』にはならない。敵陣であっても、自分たちのほうがセカンドボールを拾うチャンスを大きくする。シュミット戦術は、攻守において常に前進を伴うところがポイントだ。

フォーメション	[4-2-4]
フリーキッカー	イルザンカー、ソリアーノ
ビルドアップ	ショートカウンター、サイド中心のビルドアップ
メイン攻撃	クロス、スルーパス
DFエリアの高低	高い

Special Formation

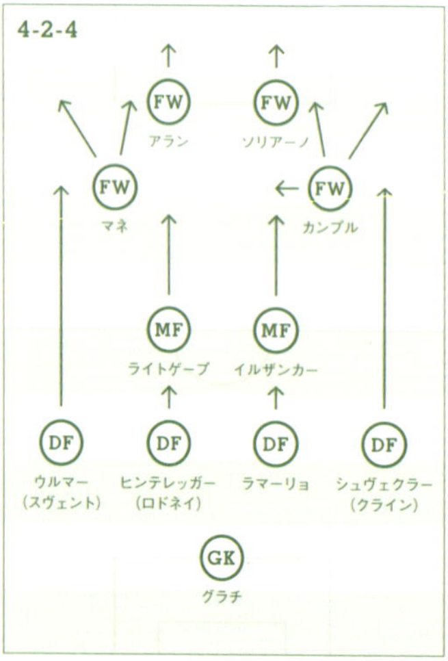

最終ラインに+1の保証無し

冬期中断中にバイエルンを3-0で破った後、EL決勝ラウンド1回戦ではアヤックスを得意のハイプレスで散々に打ち破った。両サイドハーフが高い位置を取り、ほぼ4トップで相手の4バックを追い詰めるため、最終ラインで自軍のDFが1枚の数的優位を残すという一般的な保証は存在しないが、シュミットは気にしない。背後のスペースを空けることを恐れず、常に激しいプレスでボールを囲い込んで奪う。ポゼッションを重視するチームには、このハイプレスがハマりやすく、バイエルンやアヤックスには効果が大きかった。

Point!

当初はプロ監督になる予定はなかったシュミットだが、その攻撃スタイルが下部リーグで評価を高め、ステップアップした。

Formation Case 02 | レヴァークーゼン（2014-15、15-16）

Basic Formation

黄赤乱発のアグレッシブスタイル

最前線からハイプレスで襲いかかるアグレッシブな戦術で、ブンデスリーガを席巻し、リーグ4位でCL出場権を保持。タックルやインターセプトの数など守備のアクションは高い数値を記録したが、その激しいスタイル故に、イエローカードが1年で76枚、レッドカードが4枚と、降格圏の下位チームに等しいほど多かった。守備は基本的に4-2-4スタイルを崩さないが、攻撃時は司令塔タイプのチャルハノールをトップ下に置く4-2-3-1もある。両サイドに攻撃力のあるアタッカーを備え、サイド攻撃を機能させた。

フォーメション	[4-2-3-1] [4-2-4] [4-4-2]
フリーキッカー	チャルハノール
ビルドアップ	ショートカウンター、サイド中心のビルドアップ
メイン攻撃	クロス、ドリブル、セットプレー
DFエリアの高低	高い

Special Formation

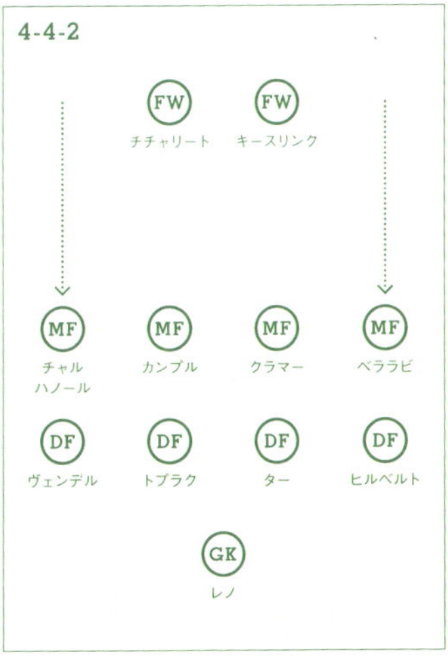

4-2-4から4-4-2

就任から時が経つに連れて、4-2-4のハイプレスだけでなく、両サイドハーフを下げた4-4-2で、ある程度の高さまで待ち受けてプレスをかける戦術の柔軟性も見せている。特に就任2年目の2015-16シーズンは、その傾向が強い。ハイプレスはポゼッションチームには有効だが、すぐにロングボールを蹴り飛ばすチームには空振りに終わるため、落下地点のブロック密度を高める必要がある。アグレッシブプレスの基本路線を保ちつつも、シュミットは対戦相手によっては重心を落とし、現実的な対応も見せている。

Point!

ドイツ育ちのトルコ代表チャルハノールは、FKの名手として知られる。バイエルンのGKノイアーからも決めている。

100点満点で95点をつけるプレーを
試合で見せたとしても、
お前のような能力を持った選手なら、
残りの5点を追求しないといけない

新世代のドイツを象徴する監督
七色のメソッドでチームを率いる

Thomas Tuchel

トーマス・トゥヘル

»監督になるまでの経歴、経緯、人物像

ドイツ下部リーグでDFとしてプレーするも、膝のケガで1998年に24歳で引退し、指導者へ。当時はドイツサッカー協会のザマーが、若手の有能な指導者に育成年代で経験を積ませるよう、クラブへ要請したこともあり、その気運に乗ってシュトゥットガルト、アウクスブルク、マインツと各チームの下部組織を渡り歩く。そして、マインツU－19をリーグ優勝させた手腕が評価され、2009年の開幕直前、電撃解任されたアンデルソンに代わり、36歳でトップチームの監督へ。それからの5シーズンを9位、5位、13位、13位、7位と上々の結果を残す。1年の休養を経て、15年にドルトムントの監督に就任。名将の仲間入りが濃厚だ。

»名試合

2015-16シーズン、グアルディオラのバイエルンとの対戦は、ドイツでは珍しく高度な戦術の応酬になった。第8節は4-4-2のダイヤモンド型で香川をトップ下に置き、中盤を厚くし、高い位置からバイエルンのビルドアップを壊そうとした。狙い通りに行く部分もあったが、1-5と大敗。第25節は一転、5-4-1を敷き、バイエルンの幅を使った攻撃を受け止める方策に出た。「10番を削らざるを得なかった」と香川はベンチ外。結果は0-0に終わったが、グアルディオラは「とても見応えのある、ドイツサッカー界にとって価値のある試合」と称賛。トゥヘルも「指揮をするのが楽しかった」と振り返った。

育てた名選手

アンドレ・シュールレ／マインツU－19で指導し、トップ昇格後も中心選手として起用。その後は、レヴァークーゼン、チェルシーとビッグクラブに引き抜かれ、ドイツ代表としてもブラジルW杯で活躍した。

岡崎慎司／シュトゥットガルトでは目立った活躍ができなかった岡崎を、トゥヘルは1トップで起用。岡崎はリーグ15得点を叩き出し、自信を付けてレスターへ移籍した。守備に汗をかける日本人選手を好んだ。

天敵・ライバル

ジョゼップ・グアルディオラ／食事の改善、選手との対話、柔軟な戦術など、過去にはグアルディオラのバルセロナから「あらゆるものを学んだ」と発言したトゥヘル。しかし、ドルトムント就任後は「私はペップのコピーではない」と野心を覗かせる。

ユルゲン・クロップ／マインツで頭角を現し、ドルトムントへ引き抜かれるキャリアルートは先輩にあたる。戦術的な相違点は多いが、ピッチサイドで喜怒哀楽を押し出す姿は似ている。2015-16のEL準々決勝、ドルトムント対リヴァプールで対戦。

Formation Case 01 | マインツ (2013-14)

Basic Formation

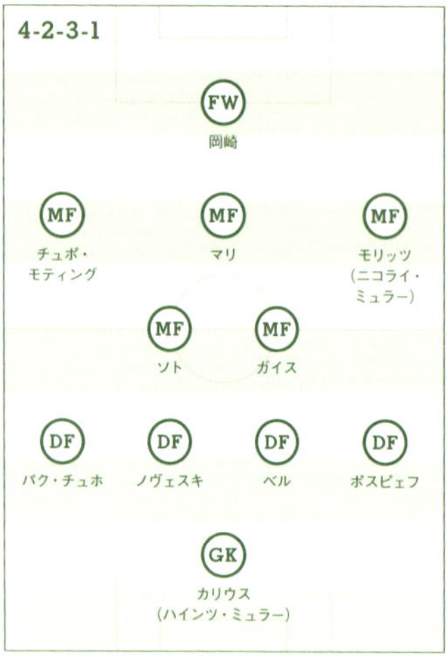

試合ごとに異なる七色の戦術と練習

細かい技術に長けた選手が少ないため、攻撃はカウンターが中心。サイドにボールを運べる選手を置き、ボランチのガイスを中心にサイドチェンジ、あるいは前線にロングパスを展開し、攻撃のエンジンをかける。規模の小さなクラブでは、相手の長所を封じることからアプローチするのがセオリーだ。トゥヘルは対戦相手を徹底的に分析し、試合ごとに異なるメンバーやシステムを使い分ける。練習も同じメニューはほとんどなく、ピッチやルールを変えたり、時にはボールも違うものに変えて集中を促すなど、選手に飽きさせない工夫を施した。

フォーメション	[4-2-3-1] [4-4-2] [5-2-3]
フリーキッカー	ガイス、マリ
ビルドアップ	ショートカウンター、ロングパス
メイン攻撃	サイド攻撃、クロス
DFエリアの高低	低め

Special Formation

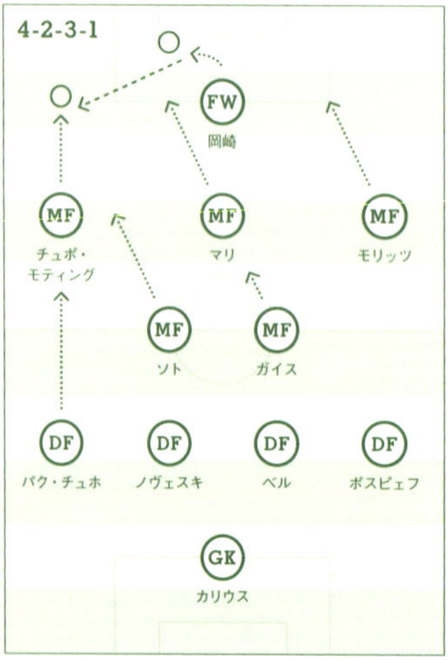

1トップから始まる集団ディフェンス

シュトゥットガルトやザックジャパンでは、サイドハーフに置かれることが多かった岡崎を、トゥヘルは1トップで起用した。その理由は攻撃面だけでなく、守備の巧さを評価したことが挙げられる。岡崎は意図した場所へ相手のパスを誘い込むのがうまい。相手センターバックがボールを持つと、最初はボランチへの縦パスを切りながらゆっくりと寄せる。相手のボールタッチのわずかな空白を突き、グッとスピードを上げ、隣り合うセンターバックへの横パスを同時に切って一気に寄せる。そうやって同サイドの狭いところへパスを誘導した。

Point!

トップ下のマリは岡崎の動き出しをよく見ることができ、絶妙なパスを供給するパートナーとなった。

Formation Case 02 ドルトムント(2015-16)

Basic Formation

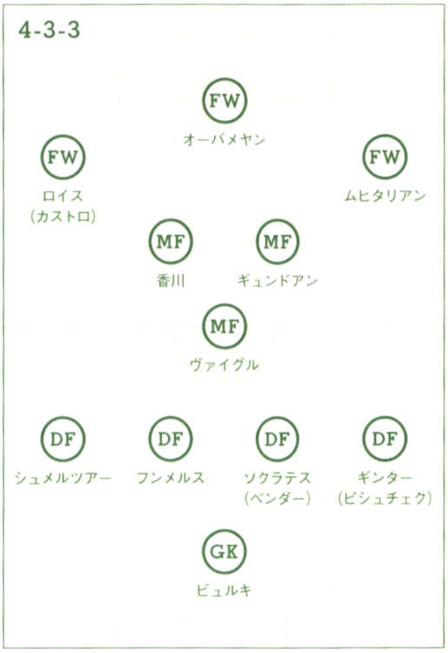

クロップ時代の修正からスタート

最初にトゥヘルが手を付けたのは、ゲーゲンプレスを生かしつつ、クロップ時代の負の遺産を片付けること。つまり、引いた相手を崩して点を取るポゼッションの解決だった。ベースシステムを4-3-3に変更し、攻撃時に両サイドバックを高い位置へ上げる。ピッチの幅を使って相手の陣形を横に広げつつ、中央にもオーバメヤン、ロイス、ムヒタリアンが厚みを作る。そのすべてが詰まると、大外からギンターが斜めに飛び出し、香川からダイアゴナルの浮き球パスを入れ、相手の最終ラインを打開するパターンが効果的に決まった。

フォーメーション	[4-3-3] [5-4-1] [3-4-3]
フリーキッカー	ロイス
ビルドアップ	左サイド中心のポゼッション、カウンター
メイン攻撃	サイド攻撃、スルーパス、アーリークロス
DFエリアの高低	やや高め

Special Formation

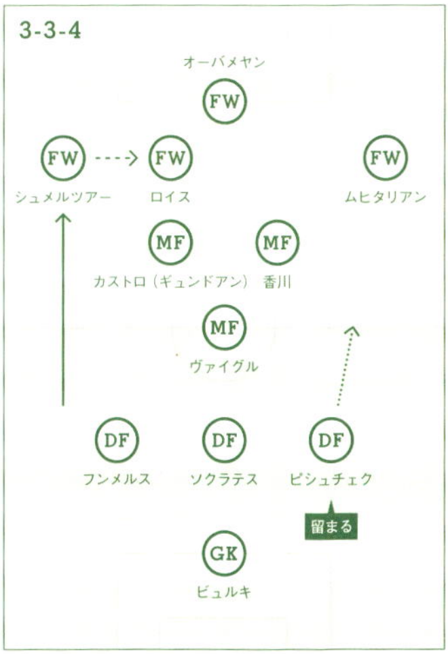

後半戦はリスクマネージメント重視

前半戦が上々の出来だったにもかかわらず、トゥヘルはあえて変化を選択した。ハンブルガー戦やケルン戦では、両サイドバックが上がった裏のスペースをカウンターで突かれ、敗戦を喫している。そこで両方ではなく、左のシュメルツアーのみを上げるように変更し、右はギンターではなく、よりスピードと対人能力に長けたピシュチェクを起用。時には3バック気味に、あるいはボランチの横辺りに置いてカウンター対策を行った。この修正により攻撃の厚みは減ったが、リスクマネージメントにおいては功を奏し、失点を大きく減らしている。

Point!

1860ミュンヘンから引き抜いた無名のヴァイグルをアンカーに置き、ポゼッションの中心的な役割を担わせた。

これはワンマンショーではない。
グループ・ワンと
呼ばなくてはならない

史上最年少を総なめにした
ノンキャリアの戦術家

André Villas Boas

アンドレ・ビラス・ボアス

»監督になるまでの経歴、経緯、人物像

この監督の経歴は極めて異色だ。ジャーナリストになる夢を持っていたが、16歳のとき、当時ポルトを率いた故ボビー・ロブソンに手紙を書き、あるFWの出場機会が少ないことを訴えた。その内容に感銘を受けたロブソンがスタッフとして登用し、アシスタントだったモウリーニョとも出会う。2001年にポルトの監督に就任したモウリーニョの下で、対戦相手の分析を務め、チェルシー、インテルでも共に働いた。2009年にアシスタントを離れて独立。2010年にクラブ史上最年少の32歳でポルトの監督に就任し、ELを含めた3冠を達成。その後チェルシーへ栄転したが、水が合わず解任。2014年からゼニトの指揮を執る。

»名試合

ポルトでの初年度はビラス・ボアスにとって飛躍の年だった。リーグ戦は27勝3分けで史上最多の勝ち点を稼ぎ、無敗優勝。カップ戦も優勝し、さらにELもセビージャ、ビジャレアル、CSKAモスクワを破り、決勝で同国のブラガに勝利して優勝。UEFA主催のクラブ大会において、史上最年少監督の優勝記録を打ち立てた。若くして指導者の道に入っただけに、ビラス・ボアスは"最年少"の記録尽くし。ところが、その後に移籍したチェルシーでは、安易にベテラン外しを行ったことが反発を招き、早期解任の憂き目に。サッカーの勉強は誰よりも積み上げてきたが、ビッグクラブを率いる人心掌握の弱さを露呈してしまった。

育てた名選手

ハメス・ロドリゲス／ポルトが獲得した19歳のMF。内向的な性格でボールを失った後に守備をしない無責任さもあったが、同国のファルカオやグアリンの助けを得てチームに馴染ませ、才能を開花させた。

ラダメル・ファルカオ／ポルトが獲得したFW。ビラス・ボアスのチームで点取り屋として大活躍し、ELでは大会17得点の新記録。翌シーズン、4000万ユーロの移籍金を残し、アトレティコ・マドリードへ移籍した。

天敵・ライバル

ジョゼ・モウリーニョ／「私の目であり、耳である」と信頼されたビラス・ボアスだったが、別れた後は犬猿の仲に。就任時にモウリーニョの「スペシャル・ワン」にかけて「グループ・ワン」と皮肉り、周囲からクローン扱いされることを嫌った。

ブレンダン・ロジャース／チェルシーでアシスタントとしてモウリーニョを支えた同士。後にリヴァプールを指揮し、2013-14シーズンにビラス・ボアスの2回目のプレミア指揮となるトッテナムと対戦。5-0で大勝し、解任の引き金となった。

Formation Case 01 ｜ ポルト（2010-11）

Basic Formation

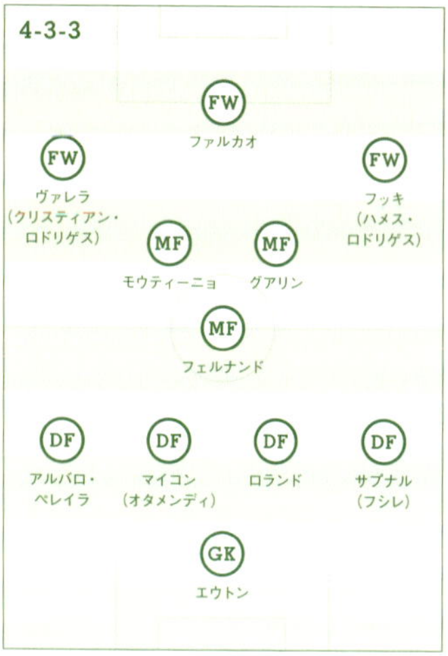

ウイング突破の4-3-3

2009-10シーズンにリーグ最下位のアカデミカに就任。モウリーニョの下で磨いた対戦相手の分析メソッドを生かし、11位で残留させると、その手腕が評価されてポルトへ。戦力が充実した強豪クラブでは4-3-3のシステムを採用し、ピッチを幅広く使い、相手を圧倒するサッカーを展開した。このシステムで重要なプレーヤーは両ウイングだ。ファルカオはゼロトップではなく、最前線に張ってゴールをねらう正統派ストライカーであるため、ウイングが外に開いてボールを受け、ドリブルで仕掛ける力がより重要になる。

フォーメション	[4-3-3]
フリーキッカー	グアリン、フッキ
ビルドアップ	ポゼッション
メイン攻撃	サイドからカットイン、クロス、ミドルシュート
DFエリアの高低	高め

Special Formation

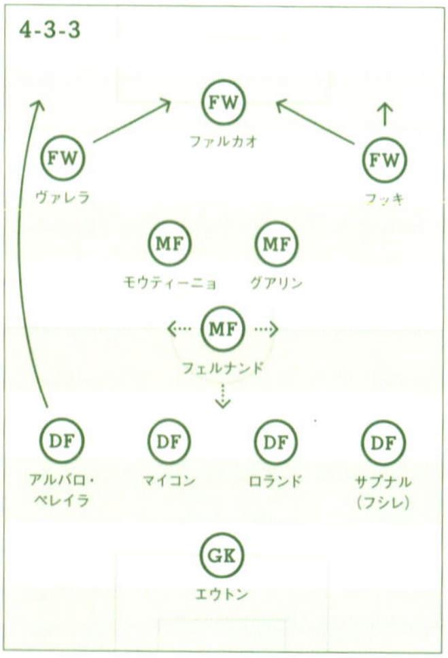

中盤にも4-3-3に最適な人材

前線に個の力で仕掛けられるアタッカーが揃うと、中盤以下を流動的にする必要性が減り、バランスが安定する。左サイドバックのペレイラは多く攻撃参加したが、右サイドバックは控えめでバランスを保ち、中盤の底のフェルナンドもポジションを保って安定感を支えた。そして、インサイドハーフには運動量豊富なモウティーニョとグアリンの組み合わせ。この両人がアンカーの脇のカバーや、ウイングとの連係など、攻守に幅広く動けることが重要だ。4-3-3に必要な人材がしっかりと揃っていたのが、この時代のポルトだった。

Point!

ファルカオ、フッキ、ハメス・ロドリゲス、グアリン、フェルナンドなど、多くの選手がビッグクラブへ引き抜かれた。

Formation Case 02 | ゼニト（2015-16）

Basic Formation

チェルシーの失敗とゼニトでの復活

ポルト式4-3-3を持ち込んだチェルシーでは、システムに合わないF・トーレスやランパードを外し、さらにスピード派ではないDFにラインを高く保たせるなど、選手をシステムの犠牲にする采配がベテランの反発を食らった。続くトッテナムでも結果が出ず、評価を下げたが、その後のゼニトではELベスト8、CLベスト16と結果を残す。ダニーを自由に動かすやり方はスパレッティの『ゼロ』と同じだが、そのダニーを中央に置き、両サイドに開かせたアタッカーを用いる点は、ポゼッションとサイド攻撃を重視するビラス・ボアスらしさだ。

フォーメション	[4-2-3-1] [4-3-3] [5-3-2] [4-4-2]
フリーキッカー	フッキ、ダニー
ビルドアップ	サイド中心のポゼッション、カウンター
メイン攻撃	クロス、ドリブル、セットプレー
DFエリアの高低	やや低め

Special Formation

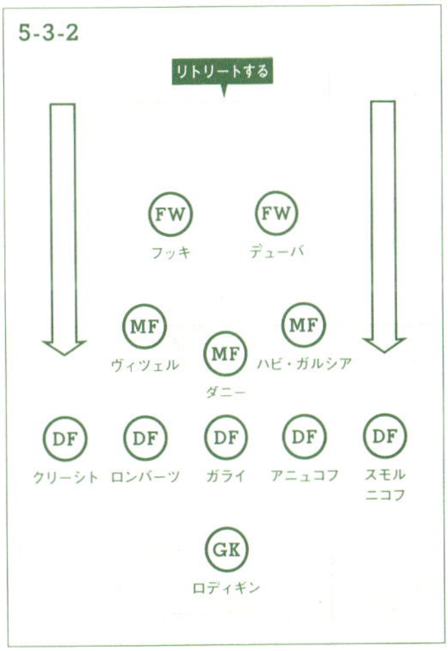

本来の分析力を生かした多彩なシステム

チェルシーやトッテナムでは、あまりその姿が見られなかったが、元来のビラス・ボアスは、モウリーニョの下でスカウティングを務めていたように、対戦相手を丸裸にする分析を得意とする。ゼニトでは能力を存分に生かし、ポゼッションの4-3-3だけでなく、対戦相手によっては5バックでリトリート、2トップでカウンターなどを柔軟に使い分け、戦術家カラーを打ち出した。特にCLの場合、ピッチの幅を使ってポゼッションできるチームが多いため、試合中に5バックに変え、あえて相手に主導権を握らせる采配を用いた。

Point!

相性の良いクラブとそうでないクラブがある。ビラス・ボアスは、プレッシャーの少ないクラブで結果を残すタイプだ。

「驚くほどの勇気と信念を持って
プレーすれば、
格下のチームでも波乱を起こせる」

柔らかいポゼッション志向
個とチーム戦術の黄金比率を探す

Roberto Martínez

ロベルト・マルティネス

»監督になるまでの経歴、経緯、人物像

レアル・サラゴサの下部組織で育ったスペイン人MF。リーガ・エスパニョーラ出場は1試合のみで、ウィガン、スウォンジーなどイングランド下部リーグでプレーし、2007年に引退した。すぐに古巣スウォンジーで指揮を執ることになり、スペイン人らしいポゼッションサッカーを指導し、チームを変革させると、初年度に2部へ昇格。やがてプレミアで躍動するクラブの礎を築いた。マルティネス自身は2009年から、同じく古巣のウィガンに引き抜かれ、プレミアで4シーズン指揮。2012-13はFAカップ制覇を果たすも、リーグは18位で2部降格の憂き目に。翌シーズンからエヴァートンの監督を務めている。

»名試合

2012-13シーズンのFAカップ決勝は、圧倒的に有利と言われていたマンチェスター・シティを1-0で破り、ウィガンにクラブ史上初のトップタイトルをもたらした。マルティネスは若手を抜てきすることに積極的であり、この試合でも若手ウイングのマクマナマンが活躍した。ポゼッション戦術を好む監督だが、なるべく個人を犠牲にせず、柔軟にチーム戦術を調整する手腕に長けている。選手からの人望も厚い。この決勝の2日後、ウィガンはアーセナルに敗れて2部降格が決まったが、マルティネスの手腕を疑う声よりも、「ウィガンにはもったいない監督」という声が勝り、エヴァートンが触手を伸ばした。

育てた名選手

ロメロ・ルカク／アンデルレヒトの下部組織で育ったベルギー代表FW。チェルシーのモウリーニョの下では出場機会を与えられなかったが、エヴァートンでマルティネスは「FWとしてすべてを兼ね備えている」と抜てき。ゴールを量産している。

ジェームス・マッカーシー／マルティネスのポゼッションスタイルを支えるボランチ。ウィガンで主力として活躍し、エヴァートンへ師と共に移籍し、自身の評価を高めた。スコットランド人だが、母方の出自から、アイルランド代表を選択している。

天敵・ライバル

ブレンダン・ロジャース／ポゼッション、スウォンジー、さらに同い年と、共通点が多い2人の監督が、マージーサイドダービーでエヴァートンとリヴァプールを率いて戦う運命の皮肉。2016年のロジャース解任は、ダービーの引き分けが引き金だった。

マウリシオ・ポチェッティーノ／マルティネス、ロジャースと共に1973年生まれの監督。若手を育成し、抜てきする手腕で知られており、マルティネスとの共通点は多い。

Formation Case 01 ウィガン（2012-13）

Basic Formation

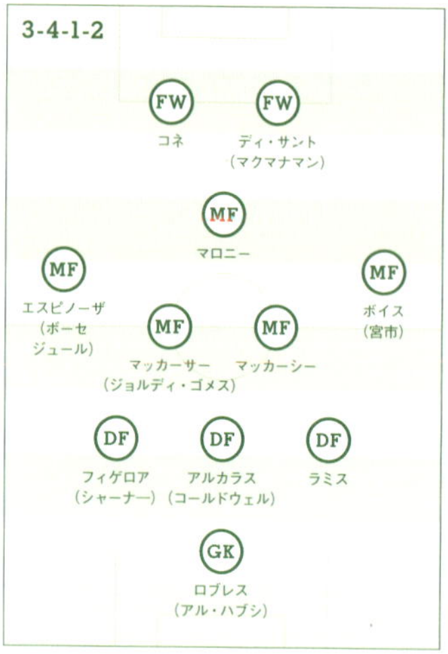

チームの現状に合わせたポゼッション

プレミアでは珍しい3バックを採用。4バックでポゼッションを志向する場合、2人のセンターバックの間でGKがリベロのように振る舞うことが不可欠だが、3バックの場合はそこに1枚増えるため、必ずしもGKの足下は重要ではない。3バックでビルドアップに安定をもたらした。前線は2枚のFWを司令塔マロニーが操る。FAカップ決勝のシティ戦では、コネとマクマナマンのアタッカーを両タッチライン際に開かせ、マロニーとのワンツーなどから、シティのサイドバックの裏をねらい、相手の弱点を突くカウンター突破を繰り返した。

フォーメション	[3-4-1-2] [4-4-2]
フリーキッカー	マロニー
ビルドアップ	ポゼッション、サイドカウンター
メイン攻撃	サイド攻撃、ワンツー、スルーパス
DFエリアの高低	やや低め

Special Formation

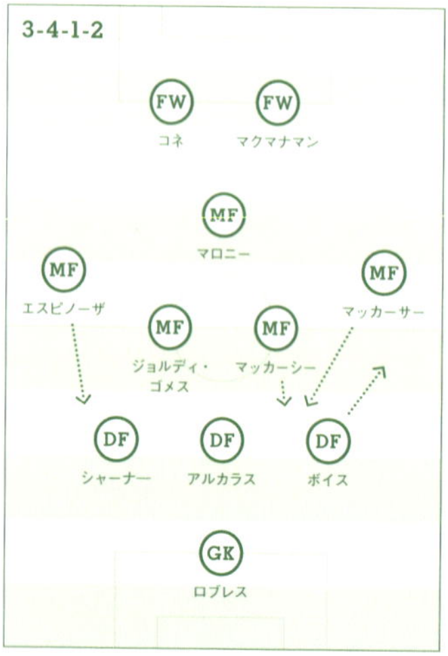

アプローチとスペースカバーの5バック

守備は前線からのプレスと、5バックでのリトリートを使い分けた。自陣に引いて5バックを形成するときは、ボールへのアプローチと、空いたスペースのカバーを重視。ボールに近ければ、ボイスがサイドへ素早く寄せ、下がってきたウイングハーフやボランチがスペースカバーに入る。ゴール前は2枚のセンターバックと1枚の逆サイドMFを含めた3枚以上で守ることを保証し、さらにサイドとの間のスペースを活用されないように、前述のカバーを利かせる。攻められても、ペナルティーラインを越えさせない守備を行った。

Point!

ポゼッションを基盤としつつも、自分たちの戦力の長所と短所を考慮したシステムを構築するのがマルティネス流だ。

Formation Case 02 ｜ エヴァートン（2013-14）

Basic Formation

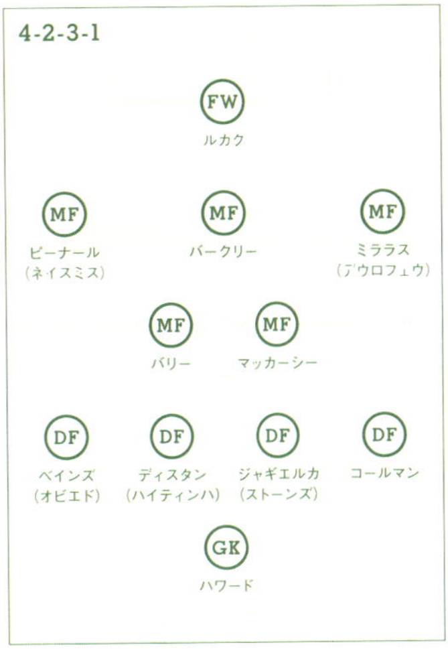

選手を生かすポゼッションの戦術家

勇気と信念を持ってウィガンをFAカップ優勝へ導いたマルティネスが、モイーズ退任後のエヴァートンに就任。固定化されたサイド攻撃やロングボールのパターンを仕込んだ前体制に比べて、風通しの良い空気を送り込んだ。バリーとマッカーシーがポゼッションの中心となり、ベインズのオーバーラップ、ミララスのドリブル突破など、それぞれの長所を生かす。選手が失敗しても、マルティネスが怒鳴りつけるようなことはなく、拍手で次の挑戦を促す。メディアに誰かの悪口を言うこともない。選手からの人望が厚い戦術家だ。

フォーメーション	[4-2-3-1]
フリーキッカー	ベインズ、ミララス
ビルドアップ	ポゼッション、ロングボール
メイン攻撃	サイド突破、クロス、2列目と3列目の飛び出し
DFエリアの高低	やや低め

Special Formation

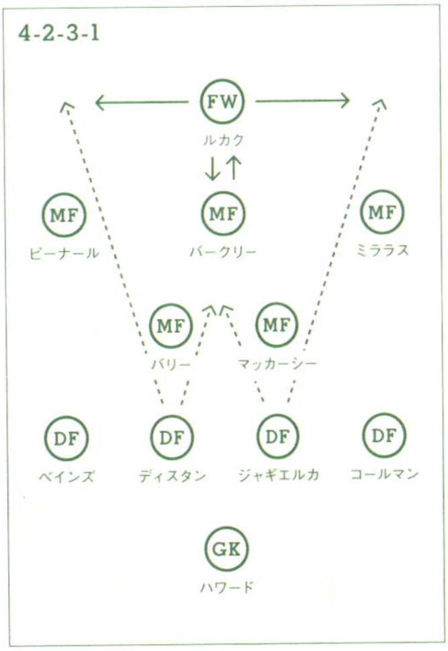

困ったときのルカク頼み

ポゼッションを志向するマルティネスだが、パワーとスピードを兼ね備えたルカクを使い、ロングボールを使うことも否定しない。この辺りは徹底的にショートパスにこだわるロジャースに比べると、柔軟性や、選手の個性を広く生かそうとする意志が感じられる。若いバークリーは技術と俊敏性に長けており、ルカクの動きを見ながら、空いたスペースを使っていく。この縦のホットラインが、まるで正反対の個性で絶妙なバランスを生み出した。守備は高い位置からプレス、低い位置にリトリート、どちらも対戦相手に合わせて使い分けている。

Point!

ユナイテッドやチェルシーに勝利するなど、この年はビッグクラブと互角に渡り合い、5位でEL出場権を獲得した。

選手に200%を要求するには、
まず彼らをよく知らなければならない。
彼らが僕と距離を置くような
関係にしたくない

物静かにタクトを振る指揮者
組織的なシャンパンサッカー新時代へ

Robert Blanc

ローラン・ブラン

》監督になるまでの経歴、経緯、人物像

足下のテクニック、鋭い読みによるカバーリング、192cmの体躯を生かした対人プレーで多岐にわたって活躍した元フランス代表センターバック。母国以外でもビッグクラブを渡り歩いた。2003年に37歳で引退すると、少し休養した後に指導者ライセンスを取り、07年にボルドーへ就任。1年目からリーグ2位に着け、翌年はリヨンの8連覇を阻止する形でリーグとカップの2冠を達成。2010年にボルドーを辞し、フランス代表監督に就任すると、2012年欧州選手権予選を突破したが、大会はスペインに敗れてベスト8に終わり、辞任。それから1年の休養を経て、強豪パリ・サンジェルマンの監督に就任している。

》名試合

南アフリカW杯後の就任は予め内定していたが、フランス代表はW杯中に練習ボイコットという不名誉な事件を起こし、ブランは思わぬ形で火中の栗を拾うことに。一部の選手を代表から追放すべきという世論が幅を利かせる中で、ブランは「あの場にいた全員が同罪だ。特定の人間に罪を着せたくはない」と、初陣の親善試合ノルウェー戦でW杯メンバーを全員外し、それから段階的に呼び戻す手法を取った。予選の初戦でベラルーシに敗れ、風当たりが強まる中、2戦目でボスニア・ヘルツェゴヴィナに2-0で勝利し、上昇気流に乗る。結局、本大会までフランスは無敗をキープし、ブランの"公平なキックオフ"が功を奏した。

育てた名選手

ヨアン・グルキュフ／レンヌでデビューした技巧派MF。プチ・ジダンと呼ばれ、女性人気も高かったが、2006年に移籍したミランではロッカールームに馴染めず、08年にボルドーへ。ブランの下でプレーを取り戻し、リーグ最優秀選手に選出された。

アドリアン・ラビオ／2012年にパリ・サンジェルマンのユースからトップチームへ昇格した左利きのMF。2013年に就任したブランに抜てきされ、外国人スター選手が集うパリにおいて、希少な生え抜きとして出場機会を増やしている。

天敵・ライバル

ディディエ・デシャン／自国開催の1998年W杯と、2000年欧州選手権を制したフランス代表の戦友。デシャンはモナコで、ブランはボルドーで実績を挙げた。ブランが率いたフランス代表の後任として、デシャンが就任している。

ジョゼ・モウリーニョ／2013-14シーズンのCL準々決勝でチェルシーに敗れたブランだが、翌シーズンは決勝ラウンド1回戦で当たり、見事リベンジを果たした。

Formation Case 01 | フランス代表(2012)

Basic Formation

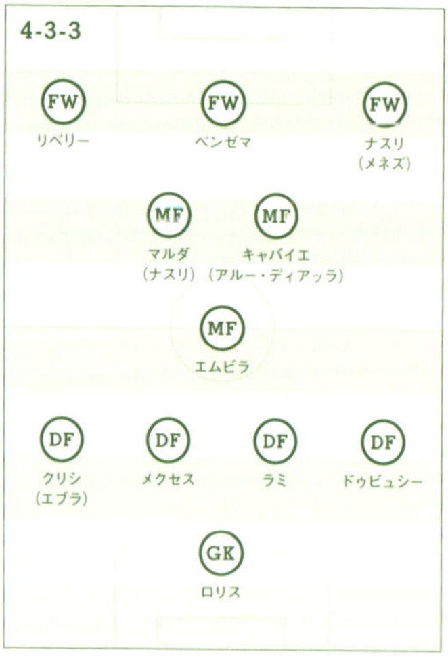

非対称性ポゼッションサッカー

ブランの哲学は長くボールを保持し、試合を支配すること。最高のシステムを4-3-3と定義する。中盤はトップ下を置く三角形、あるいは守備的なアンカーを置く逆三角形、どちらも使い分けるが、両ウイングが広がり、中盤を3人で構成する形を好む。鍵を握るのは、センターバックから前線へのクリビだ。ボランチがパスルートを開け、その横を通り抜ける縦パスから、前線が前を向く。左はリベリーが外に張るが、右はメネズやナスリが外から中へ入り、ドゥビュシーのオーバーラップを促す。左右の非対称性で、攻守のバランスを保つ。

フォーメション	[4-3-3]
フリーキッカー	ナスリ
ビルドアップ	センターバック中心のポゼッション
メイン攻撃	ウイングのドリブル突破、クロス、スルーパス
DFエリアの高低	やや低め

Special Formation

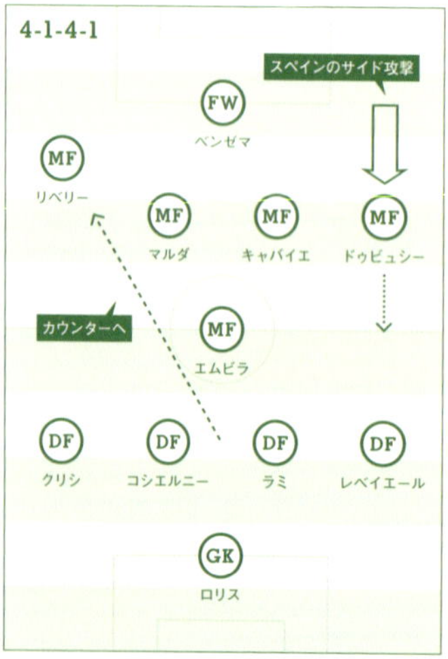

理想の4-3-3を崩す試合に注目

バルセロナを「目の保養になる」と表現するほどポゼッション好きのブランだが、現実的には守備がベース。全員でコンパクトなブロックを作り、ラインの高低を調節する。また、強敵に対しては理想の4-3-3を崩すこともあり、その一つが2012年欧州選手権の準々決勝スペイン戦だった。アルバとイニエスタのサイド攻撃に対応するため、ドゥビュシーを一列上げて2人のサイドバックを縦並びにし、リベリーを起点にカウンターへ。しかし、結局守備に力を入れた右サイドを破られて失点。柔軟に戦えるほどの完成度はなかった。

Point!

ブランはフランス語で『白』。W杯の汚れを落とす「ラーブ・ブラン」(洗って白くする)など、言葉遊びの的になりやすい。

Formation Case 02 | パリ・サンジェルマン（2015-16）

Basic Formation

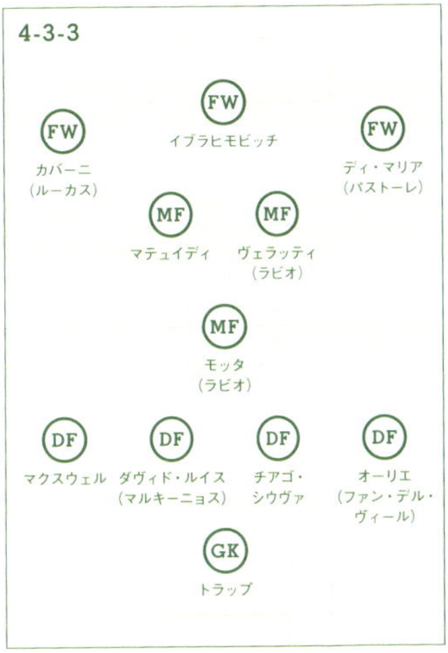

4-3-3への大舵取りが功を奏す

就任当初は前任のアンチェロッティが作り上げた4-4-2を踏襲したブランだが、すぐに4-3-3へチェンジ。以降は自身の理想とするシステムに固定した。カバーニは献身的にウイングをこなすが、真ん中でプレーしたがるタイプ。パストーレやルーカスも、ウイングよりサイドハーフのほうが適任だ。懐疑的な声を受けつつも、ブランは4-3-3を維持し、2014-15はリーグと2つのカップ、さらにスーパーカップを制してフランス史上初の国内4冠。2015-16は8節分を残した3月に欧州史上最速となる優勝決定。リーグ4連覇を果たした。

フォーメション	[4-3-3] [3-5-2] [4-4-2]
フリーキッカー	ダヴィド・ルイス、イブラヒモビッチ、ディ・マリア
ビルドアップ	ポゼッション
メイン攻撃	ウイングや2列目の飛び出し、スルーパス、クロス
DFエリアの高低	やや高め

Special Formation

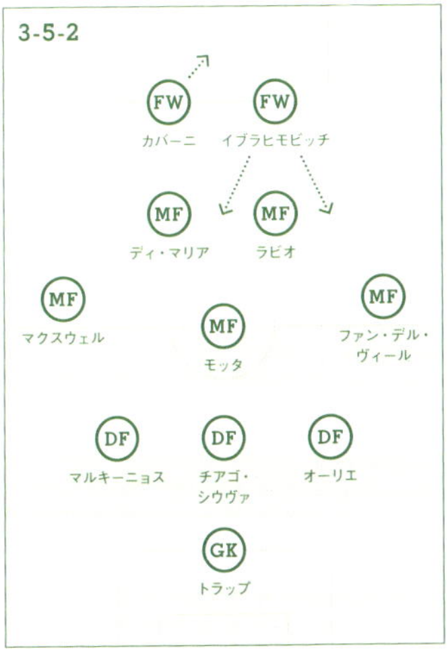

理想は美しくも、柔軟性の欠如に泣く

CLはマンチェスター・シティに敗れ、3年連続でベスト8止まり。ダヴィド・ルイス、マテュイディを出場停止で欠くセカンドレグは、手駒不足もあり、3-5-2にシステムを変える奇策で臨んだが、機能せず。モッタの怪我もあり、前半に4-3-3へ戻すも、後半に失点して敗戦。レギュラーとサブの力の差で4-3-3を維持できなかったこと、そして、やはり柔軟性を出そうとしたことが裏目に出た。リーグアンの競争力が低いため、強敵に合わせた采配やターンオーバーを求められる試合経験が少ないことが、パリの弱点と言える。

Point!

上下動を誇るマテュイディを欠き、裏へ飛び出すのはカバーニのみ。両サイドの突破力もなく、無為にパスを回すだけだった。

世の中に魔法の勝ち方など存在しない。
トレーニングを積み重ねるしか
方法はないのだ

ポゼッションサッカーの信奉者
結果は内容に自然と付いてくる

Brendan Rodgers

ブレンダン・ロジャース

≫監督になるまでの経歴、経緯、人物像

北アイルランド生まれ。選手としては膝のケガもあり、20歳で早々と引退。その後はスペインで指導者として研鑽を積み、2004年からはモウリーニョの下で、チェルシーのユースとリザーブチームの監督を歴任。2008年に下部リーグのワトフォードで独り立ちすると、レディングを経て、2010年にスウォンジー就任。ショートパスを主体としたポゼッションサッカーで成長著しいクラブと、自らの志向が完全に一致し、初年度にプレミア昇格に導くと、翌年も11位でプレミア残留に成功。順調にキャリアを積み上げたが、2012年に就任したリヴァプールでは惜しくも無冠に終わり、2015年に解任された。

≫名試合

2013-14のリヴァプールは、ロジャースが指揮した中で最強のチームだった。SASと呼ばれるスアレスとスタリッジのコンビが52ゴールを叩き出し、チームもリーグ戦101得点の大台に。後半戦は11連勝を記録して首位に躍り出た。ところが、最後に待っていたのは思いもよらない出来事だった。チェルシー戦の前半終了間際、ジェラードが足を滑らせてデンバ・バにボールを奪われ、まさかの失点。後半は前掛かりになったところへカウンターを食らい、大一番を落としてしまう。そのショックが尾を引いたのか、続くクリスタルパレス戦は3点リードしながら追いつかれる始末。シティに逆転優勝を許してしまった。

育てた名選手

ジョー・アレン／スウォンジーの2部リーグ時代からの教え子。168cmと小柄なMFだが、高い技術と機敏な動きで、ロジャースを支える。2012年のリヴァプール就任と共に移籍し、ビッグクラブへの階段を登った。

フィリペ・コウチーニョ／欧州初のクラブとなるインテルでは目覚ましい活躍が出来なかったが、2012-13の途中にリヴァプールへ移籍すると、ロジャースサッカーで技術が開花。激しい当たりに苦戦もしたが、逆に技術で手玉に取る場面も増えた。

天敵・ライバル

ジョゼ・モウリーニョ／ビラス・ボアスに比べると、ロジャースと恩師の関係は良好だ。リヴァプール就任時も祝福しており、逆に解任時は、フロントや選手の態度を批判し、愛弟子への愛を覗かせた。

ユルゲン・クロップ／スーツを着こなし、上品でまじめな佇まいのロジャースに代わって就任したのは、ジャージと豪快な発言が魅力のドイツ人。縦に速いダイレクトサッカーという戦術も対照的であり、ロジャースの方向性は暗に否定された。

Formation Case 01 | スウォンジー（2011-12）

Basic Formation

衝撃を与えたプレミア初挑戦

ロジャースは最終ラインからショートパスをつなぐことに徹底的にこだわった。選手が闇雲にロングボールを蹴ったときは、ハーフタイムに叱りつける。「パスを正確につなげ。自分たちのサッカーを貫けば、自然と結果は付いてくる」というのが口癖だった。プレミアリーグ初年度はポゼッション率57.7%、パス成功率85.3%と、どちらもリーグ3位。ウェールズのクラブとして初のプレミア昇格にもかかわらず、ビッグクラブにも劣らない堂々としたサッカーを披露した。特にアーセナルを、このスタイルで撃破したことが衝撃を与えている。

フォーメション	[4-3-3]
フリーキッカー	シンクレア
ビルドアップ	ワイドに広がるポゼッション
メイン攻撃	両ウイングの仕掛け、コンビネーション
DFエリアの高低	やや高め

Special Formation

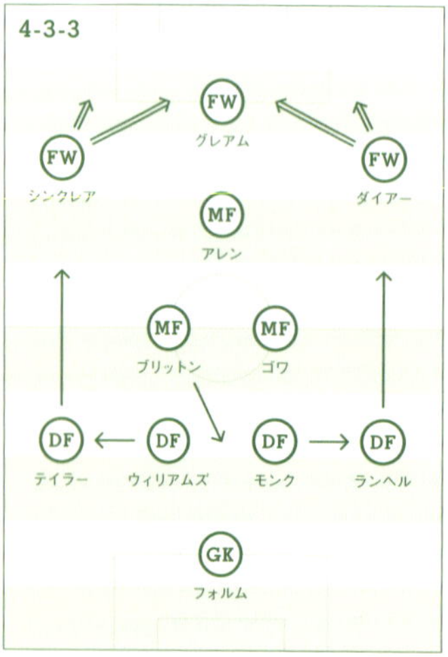

GKを活用して最後尾から組み立てる

「普通のチームは10人で攻撃するが、私のチームは11人で攻撃する。これが違いだ」と語るロジャースは、GKをビルドアップの起点として活用。両サイドバックを高い位置へ上げ、センターバックはペナルティーエリアの幅に広がる。追い込まれそうな場合は、ボランチが1枚下がってサポート。ここでボールを落ち着けることが戦術の基盤となる。そこから縦パスを入れるとき、両ウイングが広がっておくことで、相手のスペースを拡散させておく。ダイアーとシンクレアは仕掛けに優れたウイングであり、ポゼッション戦術には不可欠な要素だ。

Point!

低資金で運営するスウォンジーにとって、サラリーが高額になりがちなストライカーの不足は、慢性的な悩みの種だ。

Formation Case 02 | リヴァプール(2013-14)

Basic Formation

SASの2トップ運用で攻撃が爆発

ポゼッションの基本型である4-3-3だけでなく、多彩なシステムを使い分け始めたのが2年目の2013-14シーズンだった。共通する特徴はスアレスとスタリッジで2トップを組むこと。安定したポゼッションだけでなく、FWの個を生かした縦に速いカウンターが重要な戦術になった。同時に体力面で低下しつつあったジェラードを、ディープ・プレーメーカーとしてアンカーに置き、その技術を生かしてサイドや前線にパスを振り分けた。リーグ戦101得点の攻撃力を誇ったが、一方、守備に不安があり、50失点は上位クラブとしては多すぎた。

フォーメション	[4-4-2] [3-5-2] [4-3-3]
フリーキッカー	ジェラード、スアレス
ビルドアップ	カウンター、ポゼッション
メイン攻撃	飛び出し、ドリブル、アーリークロス
DFエリアの高低	やや高め

Special Formation

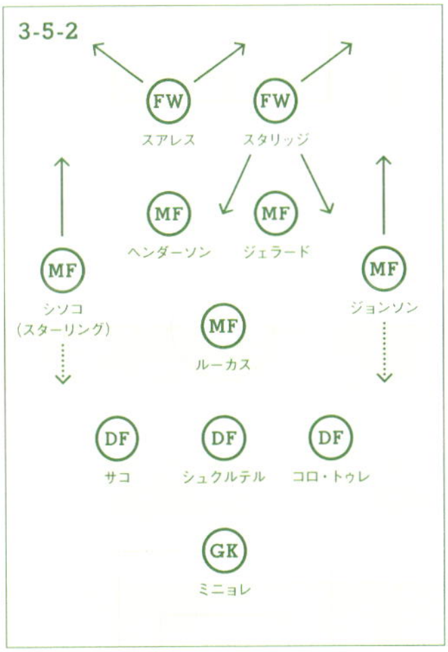

3バックの攻撃的メリットを活用

ザッケローニやマッツァーリなど3バック好きのイタリア人指揮官は、3バックのメリットを「中盤や前線に1枚多く使えること」と語っている。プレミアでは珍しい3バックをロジャースが短期的に導入したのも、2トップで縦に速いカウンターを可能にしつつ、中盤センターのMFも3枚使って厚みを保ち、あらゆる場所で攻撃的な数的優位を作り出した。しかし、3バックに適した人材に欠け、最終ラインはポゼッションと守備の安定を欠くことに。翌シーズンも3バックを使ったが、エムレ・ジャンを右DFへコンバートした。

Point!

個の力に最適化した結果、スアレスが移籍し、スタリッジが故障した翌シーズンは苦しんだ。新戦力も全くフィットせず。

Epilogue

この本に書いた中で、私に強い印象を残した監督を2人挙げよう。一人目はグアルディオラ。

人は誰しも、サッカーを始めた頃はボールに触りたくて仕方がないのに、成長するに連れて、次第にゴールという勝ち負けの価値観が強くなる。しかし、グアルディオラはボール哲学を徹底する。サッカー選手はボールに触ってうまく回していれば、24時間試合をやっていても疲れないのだと。彼のサッカーを見ていると、少年の心を持った大人が、現実の荒波に揉まれながらも前に進もうとする情景が思い浮かぶ。その純粋さが心地良い。

二人目はスパレッティ。

人は誰しも、失敗という人生のターニングポイントを通過している。スパレッティにとって、それはサンプドリアでの経験だった。なぜ、ローマを指揮したスパレッティは、アンタッチャブルな存在であるトッティとの確執を恐れず、彼をベンチに置いたり、思い切って冷遇できるのか。それが自分の首を飛ばしかねない行動であることは、イタリア人ならよくわかっている。しかし、サンプドリア時代に選手の都合やわがままに合わせて、自らを曲げてしまったスパレッティは、二度と同じ轍を踏まない。彼の強さ、頑固さ、一途さは、過去の後悔から生まれたものだった。

ああ、やっぱりサッカーは深いな。改めて、そう思った。

Credit

ロイター / アフロ 094-095
Insidefoto / アフロ 096
アフロ 098-099
ロイター / アフロ 100
アフロ 102-103
ロイター / アフロ 104
アフロ 106-107
アフロ 108
AP / アフロ 110-111
アフロ 113下
AP / アフロ 113上
AP / アフロ 114-115
AP / アフロ 116
Maurizio Borsari / アフロ 118-119
Press Association / アフロ 120
ロイター / アフロ 122-123
アフロ 124
MarcaMedia / アフロ 126-127
Press Association / アフロ 128
アフロ 130-131
Press Association / アフロ 132
ロイター / アフロ 134-135
ロイター / アフロ 136
PICS UNITED / アフロ 138-139
アフロ 140
アフロ 142-143
ロイター / アフロ 144
Insidefoto / アフロ 146-147
Action Images / アフロ 149右上
Action Images / アフロ 149下
Chelsea via AP / アフロ 149左上
アフロ 150-151
アフロ 152
ロイター / アフロ 154-155
ロイター / アフロ 156
アフロ 158-159
アフロ 160
ロイター / アフロ 162-163
Press Association / アフロ 166-167
Action Images / アフロ 168
ロイター / アフロ 170-171
PanoramiC / アフロ 172
ロイター / アフロ 174-175
AP / アフロ 176
ロイター / アフロ 178-179
AP / アフロ 181
アフロ 表紙

欧州サッカー
名将の戦術事典

2016年6月20日　初版第1刷発行

著者　清水英斗

発行者　澤井聖一
発行所　株式会社エクスナレッジ
〒106-0032
東京都港区六本木7-2-26
http://www.xknowledge.co.jp/

問合せ先　編集
TEL：03-3403-1381
FAX：03-3403-1345
info@xknowledge.co.jp

販売
TEL：03-3403-1321
FAX：03-3403-1829

※本書掲載の情報はすべて2016年5月現在のものです。掲載情報につきましては万全を期しておりますが、今後変更される場合もあります。また、フォーメーション、メンバーなども、一事例をピックアップしていることをご了承ください。

デザイン　中道陽平（tento）

ロイター / アフロ …… 094-095
Insidefoto / アフロ …… 096
アフロ …… 098-099
ロイター / アフロ …… 100
アフロ …… 102-103
ロイター / アフロ …… 104
アフロ …… 106-107
アフロ …… 108
AP / アフロ …… 110-111
アフロ …… 113下
AP / アフロ …… 113上
AP / アフロ …… 114-115
AP / アフロ …… 116
Maurizio Borsari / アフロ …… 118-119
Press Association / アフロ …… 120
ロイター / アフロ …… 122-123
アフロ …… 124
MarcaMedia / アフロ …… 126-127
Press Association / アフロ …… 128
アフロ …… 130-131
Press Association / アフロ …… 132
ロイター / アフロ …… 134-135
ロイター / アフロ …… 136
PICS UNITED / アフロ …… 138-139
アフロ …… 140
アフロ …… 142-143
ロイター / アフロ …… 144
Insidefoto / アフロ …… 146-147
Action Images / アフロ …… 149右上
Action Images / アフロ …… 149下
Chelsea via AP / アフロ …… 149左上
アフロ …… 150-151
アフロ …… 152
ロイター / アフロ …… 154-155
ロイター / アフロ …… 156
アフロ …… 158-159
アフロ …… 160
ロイター / アフロ …… 162-163
Press Association / アフロ …… 166-167
Action Images / アフロ …… 168
ロイター / アフロ …… 170-171
PanoramiC / アフロ …… 172
ロイター / アフロ …… 174-175
AP / アフロ …… 176
ロイター / アフロ …… 178-179
AP / アフロ …… 181
アフロ …… 表紙

欧州サッカー
名将の戦術事典

2016年6月20日　初版第1刷発行

著者　清水英斗

発行者　澤井聖一
発行所　株式会社エクスナレッジ
〒106-0032
東京都港区六本木7-2-26
http://www.xknowledge.co.jp/

問合せ先　編集
TEL：03-3403-1381
FAX：03-3403-1345
info@xknowledge.co.jp

販売
TEL：03-3403-1321
FAX：03-3403-1829

※本書掲載の情報はすべて2016年5月現在のものです。掲載情報につきましては万全を期しておりますが、今後変更される場合もあります。また、フォーメーション、メンバーなども、一事例をピックアップしていることをご了承ください。

デザイン　中道陽平（tento）